保育わかばBOOKS

自信がもてる！

育ちを支える 食事の基本

監修 社会福祉法人 日本保育協会
著 小野友紀

中央法規

監修のことば

　核家族化の進展、地域のつながりの希薄化、共働き家庭の増加、兄弟姉妹の数の減少など子育て家庭や子どもの育ちをめぐる環境が大きく変化したことを背景に、平成27年4月に「子ども・子育て支援新制度」が施行され、平成29年には保育所保育指針や幼保連携型認定こども園教育・保育要領が改正されました。

　こうした中、新たに保育の現場に立つこととなった皆様に対する保育現場からの期待は大きなものがあります。一方で、これから現場に立たれる保育者の皆様は、様々な不安や戸惑いを感じることもあるのではないかと推察いたします。

　この「保育わかばBOOKS」第2弾では、保育現場に立たれて間もない新任の保育者や、キャリアにブランクのある保育者のために、日常の保育に求められる実践力や専門性の基礎をわかりやすく解説した実務書シリーズとして企画されました。

　本シリーズは、「保育を活性化するすきま時間を活用した遊び」「クラス運営に役立つ基本・応用スキル」「保護者とのコミュニケーション」「子どもの食を支える基本」「子どもの発達をとらえた保育実践」をテーマとして発刊することとなりました。

　皆様が本シリーズを活用し、今後さらに求められる保育の実践力や専門性を培われ、ますますご活躍されることを心より期待しています。

社会福祉法人　日本保育協会

はじめに

　子どもの離乳食は大人からの介助で始まります。介助のスプーンから上手に取り込むようになると、次第に自分の手で食べ物をつかんで食べ、好みも出始めます。そのころになると、食卓は「まんべんなく食べて」「盛りつけ量は残さないで」という大人の願いと、「食べたくない（あるいは介助されたものは食べたくない）」「自分で食べたい」という子どもの思いがぶつかり合う場にもなりがちです。
　まずは、子どもの食べたい気持ちを受け止めて、大人は応答的に対応することが大切で、食事マナーの習得はその後からでも遅くはありません。
　さて近年は、保育現場から「よく噛まない、噛めない子ども」への対応に苦慮しているという声をよく聞きます。大人の食事援助が子どもの食べ方に影響を与えることもありますから、保育者は子どもの育ちに寄り添った援助をする必要があります。しかし、保育者も調理の担当者も、口に入る「食べ物」（食品の栄養素など）と、それが体に入ってからの働き（消化・吸収など）は学んでいても、食べ物が子どもの口に入るまでの過程については、ほとんど学ぶことなく保育現場に出ているのではないでしょうか。
　大人からの食事の援助は、子どもが自らの食欲に気づき、自分で進んで食べることができるようになるためのほんの少しの「手助け」にほかなりません。本書

が、そのための一助になれば幸いです。

　子どもの食事支援に「正解」はありません。だからこそ、私たちは日々、試行錯誤するのです。保育者には、子ども一人ひとりの発達や個性に対応することが求められる一方、子どもは「与えられた環境」に適応する優れた適応力をもっています。大人と子どもが、食べることを巡って、心地よい食卓を目指すことが本書の目標でもあります。

　本書は、子どもの食を保育の一環として、あるいは生活の一部として「心と体の育ちを支える」視点で捉えています。食育の基本にはじまり、食物の栄養や調理形態から体での消化・吸収、食事の環境づくりや介助の方法、健康面での配慮、職員、保護者、地域との連携まで幅広く、実践的な事例や演習も交えてたくさんのヒントを提示してあります。

　最後になりますが、写真提供や取材協力を受けてくださったくらき永田保育園と鈴木八朗園長、食事援助のあり方を一緒に研究している池谷真梨子先生、遠藤純子先生に心より感謝申し上げます。

　　　　　　　　　　　　　　　　　　　　　　　　　　　　　小野友紀

自信がもてる！育ちを支える食事の基本 CONTENTS

監修のことば …… 3
はじめに …… 4

序章　子どもの食と保育

食育の目標 …… 10
保育の中の食育 …… 13

第1章　子どもの発達と食

体の発育と栄養状態 …… 16
消化・吸収 …… 20
便の特徴 …… 22
口の発達 …… 24
味覚の発達 …… 27
発語・歯の発育 …… 28
手指の発達 …… 30
心の発達 …… 35
授乳期の食事 …… 36
離乳食 …… 40
離乳食初期の食事（5〜6か月ごろ）…… 42
離乳食中期の食事（7〜8か月ごろ）…… 44
離乳食後期の食事（9〜11か月ごろ）…… 46
離乳食完了期の食事（12〜18か月ごろ）…… 48
幼児食 …… 50
間食 …… 52

第2章 環境づくりと援助

授乳
- 援助の方法 …… 56
- 母乳の受け入れ …… 58

離乳食
- 開始の目安 …… 60
- 子どもの姿勢 …… 62
- 保育者の座る位置 …… 64
- 援助の方法 …… 66
- 手づかみ食べ …… 70
- 食器と食具 …… 72
- 食べこぼし対策 …… 74
- 環境づくり …… 76

幼児食
- 幼児食への移行 …… 78
- 子どもの姿勢 …… 80
- 環境づくり …… 82
- 食の知識 …… 84
- 食器と配膳 …… 86
- はしの持ち方 …… 88

衛生面の習慣づけ …… 90
食事のマナー …… 92
就学に向けた活動 …… 94
食文化の伝承 …… 96

第3章 健康面での配慮

偏食、遊び食べ、むら食い …… 100
食欲不振、肥満 …… 102
咀嚼 …… 104
誤嚥、窒息 …… 106
口腔ケア …… 110
生活習慣 …… 112
排便 …… 114
病児対応（嘔吐、下痢）…… 116
食物アレルギー …… 118
特別な支援が必要な子どもへの配慮 …… 122

第4章 職員・保護者・地域のかかわり

職種による専門性と役割 …… 126
職員の連携（授乳期）…… 128
職員の連携（離乳期）…… 130
職員の連携（幼児食期）…… 132
保護者との連携（会話・連絡帳）…… 134
保護者との連携（食育だより・献立表）…… 136
保護者との連携（行事など）…… 138
地域との連携 …… 140
子育て支援 …… 142

Q&A
便に未消化の食物が混ざっています …… 23
食べ物を噛まずに丸のみします …… 26
はしはいつごろから使い始めたらよいですか …… 34
完全母乳育児のためミルクを飲まない子にどのように対応したらよいですか …… 39
間食などで市販品を与えるときの注意点を教えてください …… 54

序章

子どもの食と保育

子どもの「食を営む力」を育むために園での食育の推進が求められています。どのような心構えで取り組めばよいかをお伝えします。

食育の目標

目指すのは「楽しく食べる子ども」

　『保育所における食育に関する指針〜楽しく食べる子どもに〜』（厚生労働省、2004）では、保育所における食育の目標を「現在を最もよく生き、かつ、生涯にわたって健康で質の高い生活を送る基本としての『食を営む力』の育成に向け、その基礎を培うこと」としています。

　「食を営む力」とは、どのような力のことでしょうか。自らの健康を考えて栄養バランスのとれた食生活を送ることは「食を営む力」のひとつの因子ですが、それだけではありません。起床から就寝まで、およそ決まった時間に3回の食事と間食（おやつ）を摂り、食生活のリズムを整えることも「食を営む力」といえるでしょう。また、家族や仲間とともに一緒にコミュニケーションをとりながら食べることや、そのために食事のマナーを身につけることも大切です。自然の恵みである食材や命あるものをいただくこと、調理してくれた人に感謝しながら食べること、地域の特産物や伝統的な食事を継承していくことも「食を営む力」といえます。このように、さまざまな「食を営む力」の「基礎」を培うことが保育所の食育に求められているのです。

食育の5つの目標とは

　食育に関する指針では、上記を目標としながら「楽しく食べる子ども」に成長していくことを期待して、次のような5つの子ども像を目指しています。

1．お腹がすくリズムのもてる子ども

　食事の前には空腹を感じている子どものことです。「おなかがすいた！」の後には「今日のごはんは何？」というように、食事することへの意欲がわきます。「お腹のすくリズムのもてる子ども」は食事時間のリズムだけではなく、起床・就寝時間など、生活リズム全般が整っている子どもです。入園してしばらくは保育園の食事時間が家庭の生活リズムに合っていないこともありますので、個々の空腹のリズムを把握して家庭と連携しながら「お腹のすくリズム」をつくっていきます。

2．食べたいもの、好きなものが増える子ども

　「好き嫌いのない子ども」と捉えられがちですが、そうではありません。苦手なものや初めて出合う食べ物を「自ら」食べてみようとして、徐々に好きなものを増やしていける子どもです。主体的、能動的に食べたいものを増やすためには、さまざまな料理や食材に出合える環境が必要です。

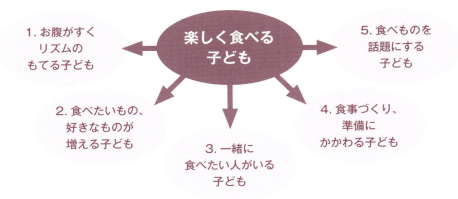

3．一緒に食べたい人がいる子ども

　保育者や仲間と一緒に食べることを楽しめる子どもです。必ずしも、「誰とでも仲よく食べる子ども」ということではありません。一緒に食べると落ち着く、一緒に食べると楽しい、そんな気持ちになる人がいる子どものことです。

　「一緒に食べたい人」との食事は、おいしく感じられるものです。子どもが自ら食べようとする「食べる意欲」にもつながっていきます。

4．食事づくり、準備にかかわる子ども

　料理をすることに興味をもったり、食事の準備に自らかかわろうとしたりする子どもです。クッキング活動や野菜の栽培・収穫体験、給食の配膳当番などは、「食事づくり」や「準備」の活動に進んでかかわる機会を提供することになります。

　こうした活動は、食材にふれたり、においを感じたり味わったりすることで五感をふんだんに使います。また、大人や友だちと協力して料理を作ることで、他者とのかかわり方を学びます。これは、栄養を摂取する以外の教育的・文化的な役割を果たしているといえます。

5．食べものを話題にする子ども

　料理に使われている食材に関心を示したり、「おいしい」「いいにおい」など料理の感想を自分の言葉で表現したりする子どものことです。

　身近な大人が食べ物に関心をもち、話題にしていれば、子どもは食べ物の話をすることが自然と身近なものになっていきます。食べ物の話題は、自分の健康との関連や食べ物ができる環境の話題へと発展することが増えていくでしょう。それは、話題を共有する仲間や大人との人間関係にも関連していきます。

保育の中の食育

「食育」は保育の一環と捉える

　『保育所における食育に関する指針』では、食育の「ねらい及び内容」を、「食と健康」「食と人間関係」「食と文化」「いのちの育ちと食」「料理と食」の5つの項目で示しています。これらの5項目は『保育所保育指針』の5領域（健康・人間関係・環境・言葉・表現）と関連していますので、保育の全体的な計画や指導計画に、食育の視点を盛り込んだ計画を立てることができます。

保育における食育の5つの項目

食と人間関係
食を通じて、他の人々と親しみ支え合うために、自立心を育て、人とかかわる力を養う

食と健康
食を通じて、健康な心と体を育て、自ら健康で安全な生活をつくり出す力を養う

食と文化
食を通じて、人々が築き、継承してきた様々な文化を理解し、つくり出す力を養う

いのちの育ちと食
食を通じて、自らも含めたすべてのいのちを大切にする力を養う

料理と食
食を通じて、素材に目を向け、素材にかかわり、素材を調理することに関心を持つ力を養う

子どもを尊重して見守る

　子どもの食事援助に求められることは、何よりも「子どもが自ら進んで食べる」のを援助することです。ともすると、盛りつけたものを「全量食べさせること」が保育者の技量のような錯覚に陥りがちですが、それは食べさせた大人の満足感を満たすだけに過ぎません。

　子どもが自分の食欲に基づいて食べる量を決め、喜んで食べるようになることが最も重要なことなのです。時には「待つこと」や「見守ること」が必要です。子どもが自ら進んで食べるための環境を整えることや、そのための保育者の援助も「食育」といえるでしょう。

それぞれの専門性を生かして

　子どもの食事は「どのように」「何を」食べるかが重要です。家庭では、料理する人と食べさせる人（一緒に食べる人）は同じであることが多いですが、園では、それぞれ役割を分担しています。だからこそ、多職種で連携することが必要です。「どのように」食べるかは、保育の人的環境である保育者や看護師、栄養士・調理員等のかかわり方に大きく影響されます。個々の子どもの状況や保育の進め方に共通認識をもつことで、それぞれの職種の専門性が、よりよく発揮できるでしょう。

　「何を」食べるかについて、食事も保育の「物的環境」として捉えるとわかりやすいです。子どもが毎日必ず出合う「給食」という「物的環境」を構成する重要な要素が「栄養」「調理形態」「味つけ」「食文化」などです。栄養士は、これらの重要な要素を子どもにふさわしいようにコーディネートする専門的な役割をもっています。調理員には、調理技術を使っておいしく子どもにふさわしい形態に調理する役割があります。

第1章

子どもの発達と食

食べる技術の習得は、心身の発達と密接な関係があります。子どもの発達と提供する食事の基本的な知識をまとめています。

体の発育と栄養状態

発育とは、身長体重の増加により体の形が変化する「成長」と機能面の成熟をさす「発達」を合わせた概念です。発育には食が大きくかかわります。

子どもの発育の特徴

子どもの発育は、遺伝や内的要因（性差、人種、先天異常、ホルモン異常など）と、環境や外的要因（栄養、心理状態、経済状態、季節や気候など）に影響を受けます。中でも乳幼児の発育は、大人に比べ栄養状態に大きく左右されます。

乳幼児身体発育曲線とは

乳幼児身体発育曲線は、身長や体重などから乳幼児の成長の程度を見るために利用されるグラフです（18～19ページ参照）。グラフの曲線から大幅にずれている場合（太り過ぎ、やせ過ぎなど）は、その原因を探り、対応する必要があります。子どもの心身の変調や障がいは、身長や体重の変化として現れることが多いため、視覚化しやすいという特徴があります。

栄養状態の評価方法

　子どもの栄養状況や発育状態を判断するためには、身長や体重の測定値が年齢に応じた範囲内にあるかどうかを見極める必要があります。母子健康手帳や保育所、認定こども園、幼稚園等での身体測定の記録を活用し、乳幼児身体発育曲線に当てはめることで、疾患や障がいの早期発見や治療、子どもの家庭環境の問題を早期に発見できる場合があります。

　また、カウプ指数を用いて判断する方法もあります。カウプ指数は、生後3か月から5歳児までの乳幼児の発育指数として、広く使われています。

●カウプ指数の計算式（BMI）

$$(\boxed{体重(g)} \div \boxed{身長(cm)}^2) \times 10$$

●カウプ指数による発育状況の判定

月齢＼カウプ指数	13	14	15	16	17	18	19	20	21
乳児（3か月～）	やせすぎ		やせぎみ		普通		太りぎみ		太りすぎ
満1歳									
1歳6か月									
満2歳									
満3歳									
満4歳									
満5歳									

乳幼児身体発育曲線

　母子健康手帳に掲載されている乳幼児身体発育曲線は、帯の中に94％の子どもが入る幅で描かれています。平均からどれだけ離れているかよりも、曲線の傾きとも比較して、問題がないかどうかの判断をします。

● 乳児身体発育曲線

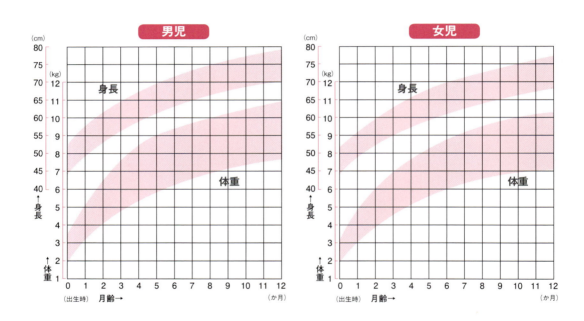

出典：厚生労働省『乳幼児身体発育調査』2010.をもとに作成

子どもの発達と食　第1章

●幼児身体発育曲線

消化・吸収

消化・吸収とは、体内で食物を細かく砕き、栄養として細胞に取り入れる機能のことをいいます。大人に比べ、子どもの消化・吸収機能は未熟な状態です。

子どもの食事は消化のよいものを

　エネルギー源となる食べ物が口から摂取されると、食道から胃、腸へと送られ、消化液の働きによって分解（消化）されます。その後、小腸などで吸収され、血液やリンパによって体の隅々に送られます。子どもは大人に比べると消化液の分泌量が少なく、消化・吸収機能が未発達なので、消化しやすい食材や調理方法を選ぶことが必要です。

消化酵素を活性化させるには

　口や胃、腸などの消化器からは消化酵素を含む消化液が分泌されます。この消化酵素の働きにより、食べ物は体内に吸収される栄養素に分解されます。生後5～6か月ごろに乳汁以外の食べ物を与えると、消化酵素が活性化することが認められています。

加熱されたものは生より消化がよい

　加熱調理をすると、熱で病原菌や寄生虫卵が殺菌され、消化・吸収率が増加されるなどの利点があります。子どもは消化・吸収機能が未熟で、感染への抵抗力も弱いので、生で食べるより加熱調理したものが安心です。

消化器官の働き

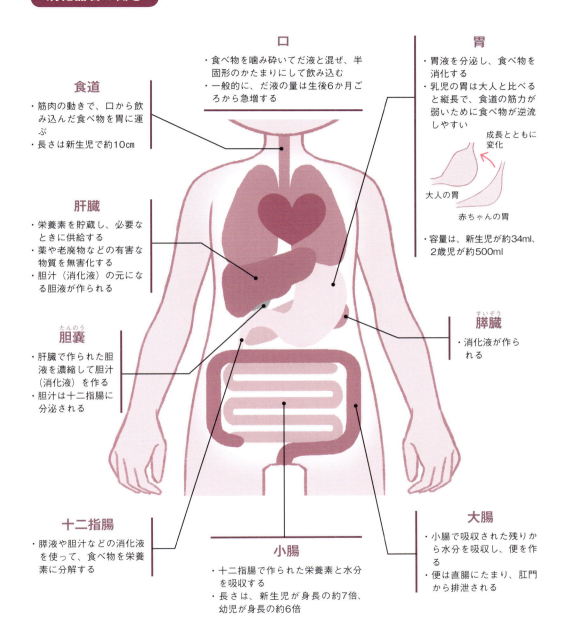

口
・食べ物を噛み砕いてだ液と混ぜ、半固形のかたまりにして飲み込む
・一般的に、だ液の量は生後6か月ごろから急増する

食道
・筋肉の動きで、口から飲み込んだ食べ物を胃に運ぶ
・長さは新生児で約10cm

胃
・胃液を分泌し、食べ物を消化する
・乳児の胃は大人と比べると縦長で、食道の筋力が弱いために食べ物が逆流しやすい
・容量は、新生児が約34ml、2歳児が約500ml

成長とともに変化
大人の胃
赤ちゃんの胃

肝臓
・栄養素を貯蔵し、必要なときに供給する
・薬や老廃物などの有害な物質を無害化する
・胆汁（消化液）の元になる胆液が作られる

胆嚢（たんのう）
・肝臓で作られた胆液を濃縮して胆汁（消化液）を作る
・胆汁は十二指腸に分泌される

膵臓（すいぞう）
・消化液が作られる

十二指腸
・膵液や胆汁などの消化液を使って、食べ物を栄養素に分解する

小腸
・十二指腸で作られた栄養素と水分を吸収する
・長さは、新生児が身長の約7倍、幼児が身長の約6倍

大腸
・小腸で吸収された残りから水分を吸収し、便を作る
・便は直腸にたまり、肛門から排泄される

消化・吸収

子どもの発達と食　第1章

便の特徴

排泄(はいせつ)は体調のバロメーターです。普段の排泄物の形状を把握しておき、いつもと違う状態のときには、注意して体調を観察しましょう。

子どもの便の特徴

食物は胃や小腸で消化・吸収された後、大腸で水分が吸収されて便となります。口から摂取した食物が肛門に届くまで、通常24時間かかります。新生児から1歳ごろまでは脊髄(せきずい)反射によって排便が起こりますが、1歳を過ぎると脳で便意を感じるようになります。さらに、幼児期になると自分で意識して排便したり、排便を我慢したりできるようになっていきます。

気がかりな便の症状については、114ページを参照してください。

母乳栄養児と人工栄養児の便の違い

育児用ミルクは改良が重ねられ、現在では母乳に近い成分の製品が製造されているため、以前と比べると人工栄養児の便の形状も母乳栄養児に近づいてきました。しかし、人工栄養児の便は、母乳栄養児と比べると濃黄色、淡黄色の割合が低く、緑色の便が多く見られます。また、排便回数も少ない傾向があります。

離乳食開始後の便の変化

乳児期に淡黄色や緑色だった便は、離乳食が進むに連れて、次第に大人の便の形状に近づいていきます。

子どもの発達と食　第1章

Q & A

Q 便に未消化の食物が混ざっています

子どもの機嫌がよく、便が通常の固さなら心配ありません

離乳食を開始すると、便の中にほうれん草やにんじん、ひじきなどが残っていることがあります。また、時折、バナナやいちごなどの繊維の長い食べ物も混ざって出てきたりしますが、機嫌がよく、便がいつも通りの固さなら、心配はないでしょう。これに対して、便がゆるかったり、未消化の分量が多かったりする場合には、医師の受診が必要です。

また、血便や黒かっ色のタール状の便、粘液便（風邪や炎症の刺激で普段より粘液が増えている）、白色便（ロタウイルス感染による下痢症、胆汁が分泌されていない場合など）の場合にも、受診が必要です。

保護者への対応

- 子どもの普段の便の状態を把握しておく
- 未消化物が混じっていても、通常の便の形状なら様子を見る
- 普段と異なる色の便が出たら、医師への受診を促す

便の特徴

23

口の発達

生まれてから幼児食期までに、口の機能はめざましく発達します。口の発達に合わせて調理された食事を摂ることが、とても大事です。

乳児期の口

　乳児は口の中が狭く、哺乳に適した形をしています。生後1〜2か月ごろまでの乳児は原始的な反射（哺乳反射）によって、口で母親の乳首を探し当てて乳汁を飲みますが、徐々にこの反射は消えていきます。

離乳食期の口

　離乳食初期は舌の前後運動にあごが連動して、唇を閉じて飲み込むことができるようになります。中期になると舌が上下に動き、数回咀嚼することが可能になります。さらに後期には舌が左右に動き、歯茎の上で食べ物を潰したり、軟らかめのものを前歯でかじり取ることができるようになります。離乳食完了期になると、舌とあごが自由に動き、歯茎で噛んだり、前歯でひと口量をかじり取ったりします。

幼児食期の口

　臼歯が生えて奥歯で噛めるようになります。食べ物の大きさや固さに応じてよく噛んでだ液と混ぜ合わせ、十分に味わうことができるようになっていきます。あごの発達はまだ未熟で、口の中の容積も小さいので、大人と同じ食事ではなく「幼児食」で食の経験を積んでいきます。

子どもの発達と食　第1章

離乳期の口の発達

口の発達

	離乳食初期 （目安）5〜6か月ごろ	離乳食中期 （目安）7〜8か月ごろ	離乳食後期 （目安）9〜11か月ごろ
口唇の動き	下唇を巻き込みながら飲み込み、口角は動かない。	左右対称に唇が動く。	噛んでいる方の口角が上がり、左右非対称に唇が動く。
舌の動き	前後に動く。	上下に動く。	左右に動く。
食事の形態	舌ざわりのなめらかなペースト状。ヨーグルトぐらいの固さのもの。	舌で押しつぶせるプリンや豆腐くらいの固さのもの。	歯茎でつぶせるぐらい固さで、ひと口大のもの。

出典：鈴木八朗『40のサインでわかる乳幼児の発達』黎明書房, p35, 2015. をもとに作成

Q & A

Q 食べ物を噛まずに丸のみします

A **原因を探って、調理形態を戻すなどの対策が必要です**

まずは、原因を探ってみましょう。口の発達と食べ物の調理形態が合っているでしょうか。離乳食の固さや食材の切り方などが原因で、上手に噛めない場合に丸のみしやすくなります。その場合は、調理形態を前の段階に戻して（40～49ページ参照）、噛む練習をやりなおすことをお勧めします。

食事の食べさせ方が原因の場合もあります（66～69ページ参照）。例えば、スプーンで食べさせるときに子どもの舌の真ん中あたりまで深く入れてしまうと、丸のみしやすくなります。また、ペースが速いと、子どもは口の中を急いで空にしようとして無理やり飲み込んでしまいます。

子どもの口の大きさに合わせて、ひと口量を見直すことも大事です。スプーンのボウル部分に半分以上盛ってしまうと、多すぎる場合があります。

その他、子どもの口の動きに合わせて大人が一緒に「モグモグ」と食べるのもよいでしょう。

保護者への対応

- 原因を探り、それに合わせた対処方法を伝える
- 子どもとゆったり向き合える食環境を整える
- 十分に咀嚼（そしゃく）し、だ液を出して飲み込めるように、水分は控えめにする

子どもの発達と食　第1章

味覚の発達

子どもは大人よりも味に敏感だといわれています。さまざまな食べ物の味を経験しながら、食の興味を広げていきましょう。

味の感じ方

味覚の発達には、離乳期から幼児期の食の経験が大きく影響します。特に離乳期にさまざまな食材の味にふれることで、味覚の幅を広げることができます。それは、その後の食生活の基盤となっていくでしょう。

舌には味蕾（みらい）という味を感じるための細胞があります。味蕾の数は大人より子どもの方が多く、数が多いほど味を強く感じます。そのため乳幼児の食事は薄味を基本として、食べ物本来の味を楽しめるようにしましょう。

味覚の種類

味覚には、うま味、甘味、酸味、塩味、苦味の5種類があります。甘味は生まれながらに好む味ですが、塩味がわかるようになるのは、生後3か月ごろからといわれています。また、腐敗したものにも含まれる酸味や苦味は、乳幼児が苦手な味です。

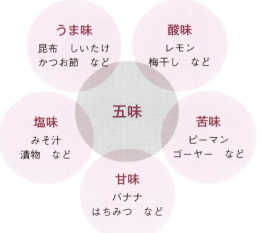

27

発語・歯の発育

歯の生え方は咀嚼機能とも密接に関係します。前歯でひと口大をかじり取り、臼歯で噛む食べ方を習得していきます。

発語と捕食機能の関係

　食べることと言葉は密接な関係があります。乳児が口を閉じられるようになると、唇を使って「マ」「ン」「マンマ」などと発音できるようになります。これは、上唇で食べ物を取り込めるようになった目安でもあります。

　また、「タ」「ダ」が言えると、舌を上下に動かしたり、上あごに舌を押しつけられるようになっているので、プリンのようなものを舌で押しつぶして食べられます。さらに「カ」「ガ」を言えるようになると、のどを締めて、食べ物をまとめて飲み込むことができます。

歯の生える時期と食事

　歯は下あごの前歯から生えてきます。個人差もありますが、上下の前歯8本が生えそろうのは1歳前後です。前歯が生えると、食べ物をひと口大にかじり取ることができるようになります。乳歯が生えそろうのは3歳ごろで、臼歯が生えると、よく噛んで食べることができるようになります。

乳歯の生える順番

乳歯が生えてくる時期は子どもによって開きがありますが、最初に下あごの前歯（乳中切歯）が生後8〜9か月ごろに生えることが多く見られます。歯が生えるのがかなり遅い子もいますが、個人差が大きいのでほとんど心配することはありません。

乳歯は上下合わせて20本で、図のA〜Eの順に生えるのが一般的です。

3歳ごろには上下10本ずつの全ての乳歯が生えそろう子が多いです。

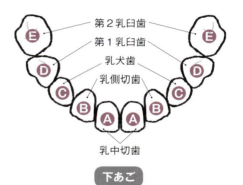

虫歯を予防する

虫歯の原因菌は大人のだ液からうつるので、同じスプーンやフォークなどを使って食べ物を与えることは避けます。また、虫歯菌の栄養となる糖質の多いおやつはなるべく控えたほうがいいでしょう。普段からジュースではなく、お茶などを飲む習慣をつけることも大切です。

手指の発達

知識

指を上手に動かせるようになると、手づかみから手つまみ食べ、食具を使っての食事へと進んでいきます。

月齢ごとの手指の発達

最初のうちは5本の指が一緒に動いてしまいますが、徐々に親指だけが分かれて動かせるようになり、手づかみ食べが始まります。次に親指と人差し指の腹をつけることができ、「つまむ」動きへとステップアップします。手指の使い方や口の咀嚼機能の発達によって、スプーンやフォーク、はしなどの食具を使っての食事へと進んでいきます。

発達の目安

0〜2か月ごろ
こぶしを握りしめた状態。手のひらに刺激を与えるとギュッと握れる。

3〜4か月ごろ
指しゃぶりが盛んになる。握力がついてきて、短時間ならおもちゃを握れる。

5〜6か月ごろ
指先が器用に動かせるようになり、おもちゃをしっかり握れる。

子どもの発達と食　第1章

手指の発達

7〜8か月ごろ

お座りが上手になり、両手でおもちゃを持って遊べる。手にしたものは何でも口に入れる。

9〜10か月ごろ

指先が器用になり、物をつまむことができる。持ち手つきのマグを持って飲める。

11か月〜1歳ごろ

指先が器用になり、親指や人さし指でボタンやスイッチを押すことができる。手づかみ食べが上手になる。

1歳6か月ごろ〜

クレヨンで殴り書きができる。積み木を重ねたり、ブロックを並べたりできる。

2歳ごろ〜

スプーンやフォークを使える。円をまねて描ける。

3歳ごろ〜

積み木やパズルなどを楽しめる。手を洗って拭いたり、ボタンの留め外しができる。ハサミで紙を切れる。

＊個人差があるので、あくまでも目安とする。

目と手と口の協調運動

「自分でやりたい」という欲求から、手づかみ食べが始まります。食べ物を目で確かめて、手指でつまんで、口に運ぶ、という目と手と口の協調運動は、摂食機能の発達にとって重要なステップです。

手は最初、5本の指が同時に動きますが、徐々に親指が分かれて動かせるようになります。目で見たものをつかむこと（目と手の協調運動）ができるようになると、手づかみ食べにつながります。

初めのうちは食べ物を口に入れられなかったり、手のひらで押し込んでしまったりしてうまくいきませんが、次第に手を口に正確に持っていき、食べ物を口に入れられる、あるいはかじり取るようになっていきます（手と口の協調運動）。

次に、親指と人差し指をくっつけることができるようになると、「つまむ」ことができるようになります。目で食べ物の位置や大きさを確認し、力の入れ具合や適切なひと口量を、経験を通して学んでいきます。

●手づかみ食べ（目と手と口の協調運動）

目で食べ物を見る
↓
手指でつかむ
↓
口まで運び入れる

スプーンを握る手の変化

　子どもの発達は、体全体を動かせるようになってから、腕、ひじ、手のひら、指の順で、中心から末端へと進んでいきます。スプーンなどを使えるようになるのも、「肩が上がる」→「ひじが動く」→「手首をひねることができる」→「指先が開く」という一連の動きができるようになってからです。遊びのときに、手のひらでしっかりおもちゃを握れているか、指が伸びているかも目安になります。

●スプーンの握り方の変化

●パームグリップ
　手のひら（パーム）全体でスプーンの柄を握る。

●サムグリップ
　パームグリップから親指（サム）が分化した状態。親指、人差し指に力が入るようになり、親指でスプーンの柄を支えている。

●ペングリップ
　各指先に力が入るようになり、ペンを持つように親指、人差し指、中指でスプーンの柄を支える持ち方になる。

Q & A

Q はしはいつごろから使い始めたらよいですか

ペングリップでしっかりスプーンが使えていたら始めます

はしを上手に使えるようにしたいと思ったら、焦らないことが肝心です。子どもの手がはしを使える段階まで発達していなければ、一生懸命教えても上手に使えるようにはなりません。反対に、ペングリップでしっかりスプーンを使えていれば、はしを持つ準備ができたという目安になります。発達を待たずにはしを持たせてしまうと、変なくせがついてしまうこともあるので注意しましょう。また、指を固定させて使うようなトレーニング用のはしを持たせることも、お勧めしません。

はしを使うようになる時期は子どもによってかなり差があります。年齢ではなく、一人ひとりの発達を見極めてください。

はしの持ち方については88ページで紹介しています。そちらも参考にしてください。

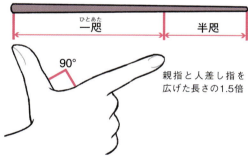

はしの選び方

一咫（ひとあた） ／ 半咫

90°

親指と人差し指を広げた長さの1.5倍

 保護者への対応

- 子どもの発達状況と園の方針を伝える
- 園と家庭が協力して進める必要性を理解してもらう

心の発達

食事は、体の発達だけでなく、心の成長にとっても大きな役割を担っています。楽しく、おいしく食べる経験を積み重ねていきましょう。

基本的信頼感

　子どもの心は、人とのかかわりの中で育まれていきます。乳児は、哺乳をすることで母親（あるいは周囲の大人）との間に信頼関係を築いていきます。その後、授乳から食事へと移っていき、安心できる場所で、信頼できる人たちと一緒に食事をすることで、周囲への基本的信頼感が育っていきます。

●人見知り

　見慣れない人と一緒にいると安心できずに激しく泣いたり、じーっと見つめたりすることを人見知りといいます。これは、母親や父親などの身近にいる人と、ほかの人との違いがわかるようになった証拠です。人見知りが始まる月齢や程度は子どもによってさまざまですが、この時期はたくさんの人とかかわるよりも、特定の人と安心して過ごせる環境をつくることが大切です。

●自我の発達

　自我とは、自分の行動を選択すること、自分の意見を主張することと我慢することのバランスをとること、欲望や感情をコントロールすることなどを含む複雑な心の機能です。1歳くらいから始まる好き嫌いも、自我の現れの一つです。

授乳期の食事

乳幼児は自分で食事を選ぶことができません。周囲の大人が栄養バランスを考え、その子にとって適切な食事を提供する必要があります。

乳児期の発達と成長

　乳児期は出生から満1歳未満までをさします。この時期は発育が著しいので、体重1kgあたりの栄養素の摂取量は月齢が小さいほど高くなります。ところが、消化・吸収能力はまだ未熟なので、発達に合わせた摂取方法で食事を摂る必要があります。出生から約5～6か月は乳汁栄養のみで、その後、徐々に離乳食に移行していきます。

母乳のメリット

　母乳栄養は人間にとって最も自然な栄養摂取方法で、乳児の未熟な臓器に負担がかからないように消化・吸収しやすく、発育に適した栄養成分が豊富に含まれています。
　分娩後、数日間出る黄色っぽい初乳には、感染症予防に効果がある免疫グロブリンやラクトフェリンなどの成分が含まれています。生後2週間前後が経過すると母乳の成分や量が一定になります。

子どもの発達と食　第1章

母乳とアレルギー

　子どもを母乳で育てると、子どもが食物アレルギーになりにくいと思っている保護者がいますが、この説には根拠がありません。ただし、母乳のみで育っている子どもに湿疹などのアレルギー症状が見られ、なかなか改善しない場合には、母親の食べた食品がアレルギーの原因物質となっていることが考えられ、アレルギーの早期発見につながることがあります。

授乳期の食事

●母乳と牛乳、育児用ミルクの栄養成分の比較（100ml 中）

			牛乳 (100g)	母乳 (100g)	調乳液100㎖ (調乳濃度 13%)
エネルギー		kcal	67	65	67
たんぱく質		g	3.3	1.1	1.5
脂質			3.8	3.5	3.5
炭水化物			4.8	7.2	7.3
ミネラル	ナトリウム	mg	41	15	18
	カリウム		150	48	64
	カルシウム		110	27	49
	リン		93	14	27
	鉄		0.02	0.04	0.7
ビタミン	A （レチノール活性当量）	ug	38	46	53
	K		2	1	3.2
	B1	mg	0.04	0.01	0.04
	B2		0.15	0.03	0.09
	ナイアシン		0.1	0.2	0.4
	C		1	5	7.1

出典：一般社団法人日本乳業協会WEBサイト

母乳は牛乳と比べると、炭水化物、ビタミンA、ナイアシン、ビタミンCが多く含まれています。
未熟な臓器に合わせて、それぞれの栄養素が消化・吸収のよい配分で構成されています。

人工栄養とは

　母親の母乳不足や病気、仕事復帰などの理由で母乳を与えられない場合の代替品が乳児用調製粉乳（人工栄養）です。一般的に「育児用ミルク」と呼ばれる商品で、牛乳を母乳の栄養組成に近づけるために、栄養成分の置換、除去などの改良が加えられています。

　粉末を70℃以上のお湯で溶かして調乳しますが（57ページ参照）、濃度は子どもの月齢に関係なく一定です。

　育児用ミルクには、欧米で広く普及している乳児用液体ミルクもあります。粉乳より扱いやすく、常温での長期保存も可能なため、育児の負担軽減や災害備蓄への利用などが期待されます。飲み残しを放置すると、調乳したミルクと同様に雑菌が繁殖するため、注意する必要があります。

●人工栄養の種類

育児用ミルク	誕生から離乳期までの乳児が母乳の代替品として摂取する乳児用調製粉乳。牛乳の成分を調整したもので、一般的に「育児用ミルク」と呼ばれている。日本のメーカーのものは、全授乳期を通じて同一濃度で、スプーン1杯の粉乳を20mlのお湯で溶かして利用するように成分調整されている。飲む量は子どもの食欲に応じて加減する。
フォローアップミルク	生後9か月ごろから不足しがちな鉄やビタミンを補う目的で作られている。離乳食を十分食べていれば、母乳をやめてフォローアップミルクに変更する必要はない。
その他	低出生体重児用粉乳やアレルギー用調製粉乳などがある。

子どもの発達と食　第1章

Q & A

Q 完全母乳育児のためミルクを飲まない子にどのように対応したらよいですか

授乳期の食事

A **無理に飲ませる必要はありません**
完全母乳育児の子どもは、哺乳瓶からミルクを飲む機会がないので、最初は嫌がって飲まない場合がほとんどです。

　園ではスプーンで飲ませてみる、コップを使ってみるなど、さまざまな方法を試して、その子が受け入れやすい方法を探っていきましょう。まわりの子どもたちが飲んでいる姿を見て、徐々に飲めるようにもなっていきますし、離乳食が始まれば、ミルクを飲む必要もなくなってきます。家でも哺乳瓶を試しに使うくらいは構いませんが、無理に飲ませる必要はないと保護者に伝えましょう。

　母乳で育てたいという保護者は、冷凍母乳の受け入れを検討するなど、事前に確認し、相談してみるとよいでしょう。

 保護者への対応

- 家庭での授乳の様子（回数、時間、量など）を詳しく聞く
- 園で実際におこなっている授乳の工夫を説明する
- 冷凍母乳の取り扱いについて確認し、情報を共有しておく

離乳食

母乳や育児用ミルクだけでは不足しがちな栄養素を補い、豊かな食経験の基礎を培う離乳食。肩の力を抜いて、楽しみながら進めていきましょう。

離乳食の必要性

●母乳や育児用ミルクの栄養を補う
生後5、6か月になると母乳や育児用ミルクだけでは栄養素が不足します。そのため、食事から栄養を補給できるようにしなくてはなりません。

●咀嚼の練習
食べ物を噛み切ったり、つぶしたり、飲み込んだりする機能を育てるため、発達段階に応じた調理形態の食事で、食べる練習をおこないます。

●消化機能の発達を促す
食事にさまざまな食品を取り入れることで、消化・吸収機能の発達が促されます。

●味覚を育てる
離乳食としてさまざまな食品を食べることで、味覚のバリエーションが広がって、食の楽しさを経験できます。

●食行動の自立
自分で食べられるようになるまでは、さまざまな練習が必要です。スプーンなどの食具の操作は、手づかみ食べなどの経験を通して上手になります。自分で食べたい意欲を育てることも大切です。

●身体的、精神的な発達を促す
運動機能の発達により、指でつまんだり、スプーンですくうことができるようになります。また、味や香りなどを感じることで、情緒的な成長も促されます。

子どもの発達と食　第1章

●離乳食の進め方

離乳の開始　‥‥‥‥‥‥‥‥‥‥‥‥‥‥➤　離乳の完了

離乳食

	生後5、6か月頃	7、8か月頃	9か月から11か月頃	12か月から18か月頃
食べ方の目安	●子どもの様子をみながら、1日1回1さじずつ始める。 ●母乳やミルクは飲みたいだけ与える。	●1日2回食で、食事のリズムをつけていく。 ●いろいろな味や舌ざわりを楽しめるように食品の種類を増やしていく。	●食事のリズムを大切に、1日3回食に進めていく。 ●家族一緒に楽しい食卓体験を。	●1日3回の食事のリズムを大切に、生活リズムを整える。 ●自分で食べる楽しみを手づかみ食べから始める。

食事の目安

調理形態	なめらかにすりつぶした状態	舌でつぶせる固さ	歯ぐきでつぶせる固さ	歯ぐきで噛める固さ
Ⅰ 穀類(g)	つぶしがゆから始める。すりつぶした野菜なども試してみる。慣れてきたら、つぶした豆腐・白身魚などを試してみる。	全がゆ50〜80	全がゆ90〜軟飯80	軟飯90〜ご飯80
Ⅱ 野菜・果物(g)		20〜30	30〜40	40〜50
Ⅲ 魚(g) 又は肉(g) 又は豆腐(g) 又は卵(個) 又は乳製品(g)		10〜15 10〜15 30〜40 卵黄1〜全卵1/3 50〜70	15 15 45 全卵1/2 80	15〜20 15〜20 50〜55 全卵1/2〜2/3 100

（一回当たりの目安量）

上記の量は、あくまでも目安であり、子どもの食欲や成長・発達の状況に応じて、食事の量を調整する。

成長の目安　成長曲線のグラフに、体重や身長を記入して、成長曲線のカーブに沿っているかどうか確認する。

出典：厚生労働省「離乳・授乳の支援ガイド」2007.

離乳食初期の食事
（5～6か月ごろ）

初めての離乳食は、発達状況を見ながら焦らずに、子どもの機嫌がよい時間帯に、まずは1日1回1さじからスタートします。

離乳食の調理形態と固さ

調理形態	なめらかにすりつぶした状態
固さ	ポタージュもしくはヨーグルトくらいの固さ
大きさ	粒のないペースト状。濃度をつけるようにつぶした状態

●献立例

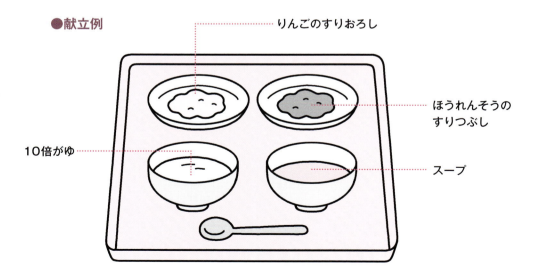

子どもの発達と食　第1章

●離乳食に使用できる食品

分類	食品	具体的な調理法
穀類	米	10倍がゆのすりつぶし （10倍がゆ＝米1：水10）
いも類	じゃがいも	軟らかくゆでてつぶし、ゆで汁、だし汁、野菜スープなどでゆるめる
たんぱく質	豆腐、白身魚	ゆでてすりつぶし、おかゆに加える
野菜	にんじん、かぶ、かぼちゃ、大根、トマト、ほうれん草、小松菜、玉ねぎ、ブロッコリー、白菜、キャベツなど	軟らかくゆでて、すりつぶし、湯、だし汁、野菜スープなどでゆるめる トマトは生のままでよい
果物	バナナ、りんご、みかん	りんごはすりおろす バナナとみかんはすりつぶす
調味料	使わない （だし汁は使う）	

離乳食初期の食事（5～6か月ごろ）

43

離乳食中期の食事
（7～8か月ごろ）

飲み込むことが上手になる時期で、1日2回の食事に移行していきます。味や舌ざわりを楽しめるように食品の種類を増やします。

離乳食の調理形態と固さ

調理形態	舌でつぶせる固さ
固さ	指でつまんでつぶせるくらいの固さ（豆腐くらい）
大きさ	粗くつぶしたり、5～7mmくらいのさいの目状に切る。めんなどは1cmくらいに切る

●献立例

子どもの発達と食　第1章

●離乳食に使用できる食品（新たに加えられるもの）

分類	食品	具体的な調理法
穀類	食パン、そうめん、うどん	7倍がゆ パンは小さくちぎり、育児用ミルクやスープなどで煮る めん類は軟らかくゆで、1㎝くらいに切る
いも類	さつまいも	蒸したり、ゆでたりして、ゆで汁や野菜スープでゆるめる
たんぱく質	赤身魚（サケ、マグロ、カツオ）、鶏肉（ささみ）、レバー（ペースト）、ヨーグルト、チーズ（パルメザン、カッテージ、クリーム）、卵（卵黄、全卵の1/3）	魚類は加熱して細かくほぐす 肉は凍らせてすりおろして調理する 卵は固ゆでにする チーズは塩分や脂肪分の少ないものを煮溶かす
野菜	なす、きゅうり、カリフラワー、アスパラガス	よく煮て刻んだり、粗くつぶしたりする
海藻	わかめ	軟らかく煮て刻む
果物	かき、もも、なし、いよかん　など	おろしたり、つぶしたりする
調味料	塩、しょう油、砂糖、みそ、酢、トマトピューレ	

離乳食中期の食事（7〜8か月ごろ）

離乳食後期の食事
（9〜11か月ごろ）

1日3回の食事のリズムをつくります。鉄分が不足しないよう、赤身魚や肉なども加えます。

離乳食の調理形態と固さ

調理形態	歯茎でつぶせる固さ
固さ	親指と人差し指で軽くつまんでつぶせるくらいの固さ（バナナくらい）
大きさ	1〜1.5cmくらいのさいの目状 5〜7mm幅のスティック状

●献立例

- ゆで野菜のスティック
- 5倍がゆ
- ほうれんそうのいそべあえ
- 煮魚
- 野菜スープ

子どもの発達と食　第1章

●離乳食に使用できる食品（新たに加えられるもの）

分類	食品	具体的な調理法
穀類	マカロニ、スパゲッティ	5倍がゆ めん類は軟らかくゆでて切る
いも類	さといも	軟らかくゆでてつぶす
たんぱく質	大豆製品、青魚（イワシ、アジ、サバ、サンマなど）、豚ひき肉、牛ひき肉、レバー、卵（全卵の1/2）、牛乳（調理で使用）	魚類はゆでる、煮るなど十分に加熱し、食べやすくほぐす 大豆製品は軟らかく煮て、つぶす
野菜	長ネギ、ニラ、レタス、ピーマン、もやし、しいたけ　など	軟らかく煮る 手づかみ食べする食材は、手に持ちやすい形に切る
海藻	のり、ひじき	ひじきは軟らかく煮て、細かく刻む
果物	キウイフルーツ、ぶどう、メロン　など	
調味料	バター、ケチャップ、マヨネーズ	

> **!** 卵アレルギーがある子どもがいる場合は、マヨネーズの取り扱いに注意が必要です。またキウイフルーツ、メロンは、食べた後に口の中や喉にかゆみやしびれなどの症状がでる口腔アレルギー症候群に注意が必要です。栄養士や調理員と一緒に確認してください。

離乳食後期の食事（9～11か月ごろ）

47

離乳食完了期の食事
（12〜18か月ごろ）

必要な栄養素を、3回の食事と補食としてのおやつで摂れるようになってきます。ある程度の固さのものが食べられるようになり、離乳は完了に近づきます。

離乳食の調理形態と固さ

調理形態	歯茎でつぶせる固さ
固さ	指でつまんで力を入れるとつぶれる固さ
大きさ	自分でつかんでかじり取れるくらいの大きさと平らな形状 めんなどは2cmくらいの長さ ひと口大で、指でつまんで食べられる大きさに切る

●献立例

- インゲンのごまあえ
- 魚の唐揚げ
- トマト
- すまし汁
- おにぎり

●離乳食に使用できる食品（新たに加えられるもの）

分類	食品	具体的な調理法
穀類	中華めん、そば	軟らかく炊いた米 めん類は軟らかくゆでて、2cmくらいに切る
たんぱく質	油揚げ、生揚げ、エビ、カニ、ちくわ、かまぼこ、さつま揚げ、ハム、ソーセージ、卵（全卵の1/2〜1/3）、牛乳（飲用）など	油揚げなどは油抜きして汁物に加える ハンバーグや肉だんごなど、固めた料理を取り入れる ソーセージなどの加工食品は、添加物や塩分の少ないものを選ぶ
野菜	ごぼう、たけのこ、れんこん、しょうが、えのき茸、しめじ、なめこ　など	軟らかく煮る 手づかみしやすい大きさに調理する 素揚げや天ぷらにしてもよい
果物	ほとんどのもの	手づかみ食べしやすく切る
調味料	酒、みりん、ソース、はちみつ	

身体機能が未熟な1歳未満の乳児がはちみつを食べると、乳児ボツリヌス症を起こすおそれがあります。これは、摂取後3〜30日で発症し、便秘、哺乳力低下、眼球運動まひ、呼吸困難など重篤な症状を示す疾患です。1歳を過ぎると体の機能が整い、発症しなくなります。

幼児食

離乳食が完了しても、すぐに大人と同じ食べ物を与えるのは避けましょう。子どもにふさわしい味つけや調理形態で、楽しく食べられる工夫が必要です。

幼児食とは何か

　離乳が完了する1歳6か月ごろから就学前ごろまでの子どもを対象とした食事です。栄養だけではなく子どもの心理的な側面にも配慮して、家庭の食習慣や地域社会の風習など、一生にわたる食行動の基礎が築かれていきます。

薄味の大切さ

　日本では、成人の約2.6人に1人が高血圧という統計があります。高血圧は、遺伝のほか塩分の摂り過ぎや、肥満、運動不足などの生活習慣が関係しています。子どものころから薄味の食事を心がけることが、その後の健康状態を左右すると言っても過言ではありません。また、味覚を形成するうえでも薄味は重要です。

子どもの発達と食　第1章

咀嚼機能の発達

　3歳くらいまでに上下20本の乳歯が生えそろい、噛み合わせが安定することで、より固いもの、細かいものも咀嚼できるようになります。しかし、食べ物を咀嚼し、飲みくだすためには、あご、舌、頬、唇の動きを円滑に連携させなければならないため、まずは臼歯を使って食べ物をすりつぶす練習が必要です。

　さらに、大きな食べ物から前歯を使ってかじり取り、咀嚼し、飲み込めるひと口量を経験しながら咀嚼機能が発達していきます。

幼児食

●幼児期と幼児食

<table>
<tr><td colspan="2" rowspan="2">区分

食の要点</td><td>離乳食</td><td colspan="4">幼児食</td></tr>
<tr><td>後期</td><td>完了期</td><td colspan="2">前期</td><td>後期</td></tr>
<tr><td colspan="2"></td><td>9〜11か月</td><td>1〜1歳半</td><td>（前半）1歳</td><td>（後半）2歳</td><td>3・4・5歳</td></tr>
<tr><td colspan="2">発達</td><td>はいはい</td><td colspan="3">二本足歩行・手指を使う</td><td>自我の発達</td></tr>
<tr><td colspan="2">生歯</td><td></td><td colspan="2">前歯、第一乳臼歯</td><td>乳歯が生えそろう、第二乳臼歯</td><td>安定した時期</td></tr>
<tr><td colspan="2">口腔機能発達段階</td><td></td><td colspan="2">咬断期・一口量学習期</td><td>乳臼歯咀嚼学習期</td><td>咀嚼機能成熟期</td></tr>
<tr><td colspan="2">食具使用機能発達段階</td><td></td><td colspan="2">食具使用学習開始期</td><td>食具使用学習期</td><td>食具使用成熟期</td></tr>
<tr><td rowspan="4">食べ方</td><td>手づかみ</td><td colspan="3">遊び食べ、こぼす</td><td></td><td></td></tr>
<tr><td>スプーン</td><td></td><td></td><td colspan="3">すくう、口などで食べる</td></tr>
<tr><td>フォーク</td><td></td><td></td><td></td><td></td><td></td></tr>
<tr><td>はし</td><td></td><td></td><td></td><td></td><td></td></tr>
<tr><td rowspan="3">食品</td><td>形</td><td></td><td colspan="2">手づかみしやすい形</td><td colspan="2">スプーンやフォークで扱いやすいもの</td></tr>
<tr><td>大きさ</td><td>1cm角くらいの大きさ</td><td colspan="2">前歯でかみきれる大きさ
平らで大きい</td><td colspan="2">小さいもの、大きいものなどいろいろな大きさ</td></tr>
<tr><td>固さ</td><td>歯ぐきでつぶせる</td><td colspan="2">前歯でかみきれる、奥歯でつぶせる煮物程度のもの</td><td>奥歯ですりつぶせるしんなりいためた程度</td><td>大人より少し柔らかめ</td></tr>
<tr><td colspan="2">集団保育</td><td>保育者と1対1の介助・援助</td><td colspan="2">一人一人の意欲中心に食事に取りくむ</td><td>友だちと共に楽しく食べる</td><td>健康教育、調理保育などを取り入れ食生活を豊かに</td></tr>
</table>

出典：太田百合子「レクチャー　食生活に関する相談の進め方」
　　　日本保育協会「平成15年度　保育所子育て相談推進セミナー（東京）テキスト」2003.をもとに作成

間食

子どもの間食は大人のおやつと異なり、補食としての役割を担っています。嗜好の部分も大切にしながら、食への興味を育てましょう。

間食の意義と役割

　子どもは多くのエネルギーや栄養素を必要としますが、消化機能が未熟なうえ、胃の内容量も小さいために、3回の食事だけでは必要な量を満たすことができません。そこで、間食を食事の一部と考え、エネルギーや栄養素、水分の補給のために摂る必要があります。

栄養補給

　子どもにとっての間食は、栄養補給の側面が大きいため、穀類やいも類、牛乳、卵、チーズなどたんぱく質の多い食品のほか、果物や野菜などでバランスよく整えましょう。

食の楽しみ

　食事とは異なる食材や調理方法、盛りつけなどで、食べる楽しさを味わうことも重要です。また、休息や気分転換の場にもなります。一緒に食卓を囲む人々とのコミュニケーションも広がります。

水分補給

　まだ自分で水分補給ができない子どもや、遊びに夢中になって水分補給を忘れてしまう子どもにとって、間食は大事な水分補給の機会になります。ただし、牛乳やジュースの与えすぎは、偏食や食欲不振の原因となるので注意が必要です。

間食の与え方

● 1日当たりの適量

間食の適量は、1日に必要なエネルギーの10～20％です。食事の前に2～3時間空くように、おおよその時間を決めて規則的に与えましょう。食事に影響しないように与え方や量に配慮が必要です。

	1～2歳児	3～5歳児
エネルギー（1日の量）	100～150kcal	200～260kcal
回数	1～2回	1回

牛乳・乳製品、卵、果物、野菜、穀類、いも類、豆類、小魚類など自然の味を味わえるものが適しています。小麦粉やホットケーキミックスなどを利用して、簡単に手作りしてもよいでしょう。食品添加物の表示を確認したうえで、市販の菓子類を利用するとバリエーションが広がります。

● 100kcalの食品

牛乳
150ml

ヨーグルト
150～240g
加糖　無糖

プロセスチーズ
30g

バナナ
120g（約大1本）

りんご
180g（約大1個）

さつまいも
70g（約小2／3本）

とうもろこし
100g（約1本）

おにぎり
60g（約3／5個）

ホットケーキ
40g（約1／3袋）

ソフトビスケット
20g（約2～3枚）

プリン
80g（約小1個）

煮干し（カタクチイワシ）
30g

＊おおよその量で表示しています。
＊野菜や果物は可食部の分量です。

Q & A

Q 間食などで市販品を与えるときの注意点を教えてください

A **成分表示を確かめて利用しましょう**

市販の菓子類を与えるときには、品質保持期限や成分表示を確認する習慣をつけるとよいでしょう。食品添加物が全く入っていない商品を選ぶのは難しいと思いますが、多いものはなるべく避けます。

そのほか、塩分や脂肪分などもチェックしてください。糖分が多いものを与えると食事に影響が出ることもあります。子どもの欲しがるままに菓子を買い与えると、習慣になりやすいので注意が必要です。

また、飲み物にも気をつけなければなりません。市販の飲料は、カロリーや添加物などに不安があるため、水や麦茶で食べる習慣をつけるようにしましょう。

保護者への対応

- 市販の食品を購入する際、成分表示のチェックを提案する
- お菓子以外でも間食として利用できる食材を紹介する（野菜や果物など）
- 間食の内容や摂り方の見直し（時間と量を決める）を提案する

第2章

環境づくりと援助

子どもの食事の援助をどのように進めればよいか、また、発達段階の見極め方など、子どもを取り巻く環境づくりの具体的な方法を紹介しています。

授乳 援助の方法

授乳は、子どもとの信頼関係を育てるための大切な時間です。
子どもの精神面の発達にも大きく影響していきます。

哺乳瓶での授乳の手順

授乳は子どもとコミュニケーションをとるための大切な行為です。寝かせたままではなく、必ず抱いて飲ませましょう。子どもとしっかり目を合わせて、やさしく言葉をかけましょう。

援助の手順
①保育者はしっかり手を洗う（91ページ参照）。
②子どもの口のまわりを拭き、あごの下にガーゼを当てる。
③ミルクの温度を確かめ（57ページ参照）、子どもを適切な姿勢で抱く。
④子どもの頭と腰を支えて、姿勢を安定させ、子どもの両手は自由に動かせるようにしておく。
⑤哺乳瓶を口に運ぶ。乳首をミルクで満たして、空気を飲み込まないよう角度を調節する。
⑥授乳後は排気（げっぷ）をさせるため、体を起こした姿勢で抱き、背中をさする。

演習

正しい調乳方法を確認しましょう

- 育児用ミルク（粉乳）を正しく調乳できますか。
- 調乳したミルクの扱い方を理解していますか。

調乳の手順

① 消毒済みの哺乳瓶に、正確に計った粉乳を入れる。
② 一度煮沸して冷ましたお湯（70℃以上）を、できあがり量の2／3ほど入れる。
③ 哺乳瓶を軽く振って粉乳を溶かす。
④ できあがり量までお湯を加える。目盛りは泡の下で合わせる。
⑤ 乳首にキャップをかぶせて哺乳瓶につけ、さらに軽く振る。
⑥ 粉乳が完全に混ざったら、流水などにさらして人肌の温度になるまで冷ます。
⑦ 上腕内側に乳汁を垂らして、人肌くらいの温度になっているか確認する。

70℃以上のお湯

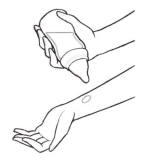

！【注意事項】

- 衛生面が行き届いた環境で調乳・授乳をおこなう。
- 作る前には必ず手を洗う。
- 作りおきや飲み残しは飲ませない。

実践 授乳 母乳の受け入れ

保護者の希望や負担を見据えて、望ましい対応を検討していきましょう。

冷凍母乳の受け入れ

家庭で母乳育児をしている子どもが入園する際には、保護者の希望に合わせて冷凍母乳を受け入れる場合があります。保護者が園で冷凍母乳を受け入れていることを知らない場合もあります。そのため、入園前の説明と確認を忘れずにおこないましょう。

保護者との連携やケア

保護者が正しい搾乳（さくにゅう）ができているか確認します。また、搾乳に負担を感じている保護者がいることも考えられます。無理なく受け入れができるように、保護者の不安を聞きとり、環境を整えましょう。

保護者に伝えたいこと
・搾乳機や保存容器はしっかり消毒されたものを使う。
・清潔な手で搾乳する。
・保存容器は十分に空気を抜いて密封する。
・搾乳後は速やかに冷凍庫へ入れる。
・冷凍での保存期間は１週間とする。
・保存容器には名前のほかに搾乳した日付と時間を記入する。
・園へ運ぶ際は、溶けないように気をつける。
・一度解凍したものは再冷凍しない。

第2章 環境づくりと援助

演習

冷凍母乳の保管から解凍までの方法を確認しましょう

- 受け入れ時の注意事項を知っていますか。
- 解凍の手順を知っていますか。

解凍の手順

①冷凍庫から取り出した母乳を、保存容器のまま40℃程度のお湯に入れて解凍する。

※母乳の成分が破壊される恐れがあるため、熱湯や電子レンジでは解凍しない。

②母乳が適温になったら哺乳瓶に注ぐ。

※保存容器（ビニール袋）の注ぎ口とはさみを消毒してから切る。

【受け入れ時の注意事項】
- 名前、搾乳日時、冷凍状態を確認する。
- 冷凍後、1週間以内のものを受け入れる。
- 冷凍庫（－15℃以下）で保管する。
- 専用の冷凍庫がない場合は、ほかの食品にふれないように、専用の保存容器に入れて保管する。
- 一度解凍したものは再冷凍しない。

授乳／母乳の受け入れ

実践 離乳食 開始の目安

離乳食が始まると、身体機能とともに心も発達します。発達の個人差に配慮しながら、対応していきましょう。

離乳食開始のサイン

離乳食の開始時期は生後5～6か月ごろといわれていますが、月齢はあくまでも目安です。子どもの発達段階に配慮して、健康状態のよいときに開始しましょう。

見きわめのポイント
・生活リズムが調整できている（約4時間の授乳間隔など）。
・首のすわりがしっかりしている。
・支えると座ることができる。
・指しゃぶり、おもちゃをなめるなどの行為が頻繁に見られる。
・食べ物に興味を示す。
・哺乳反射が弱まる（唇に乳首などがふれたとき、舌を押し出す動きが少なくなる、など）。

離乳食開始前の果汁は不要
果汁を摂ることで、乳汁を飲む量が減る心配があります。果汁に栄養学的な意義が認められていないことからも、与える必要性はありません。

演習

食事環境の整え方について考えましょう

- 子どもが落ち着いて食べられる環境とは、どのようなものでしょうか。
- どのようなことを保護者と確認する必要があるでしょうか。

子どもへの対応

- **常に同じ環境で食事できるようにする**

  例) いつも決まった席につく。
  　　毎回、同じ保育者が対応する。
  　　最初に「ごはんを食べようね」と声をかける。
  　　いつも同じ手順で進める。

- **食事に集中できる環境をつくる**

  例) 食事への声かけは、その子どもだけに聞こえるようにする。
  　　ほかの子どもや保育者の動きが目に入らないように配慮する。
  　　保育者がその場を離れなくてもよいように環境を整える。

【保護者への対応】
- 家庭での食の状況をていねいに確認する。
- 家庭で与えたことのある食材を確認する。
- 園ではどのような手順で進めていくかを伝える。
- 離乳や離乳食に対する悩みや不安を聞く。
- 個人の知識や経験で対応できないことは、園長や主任、栄養士、調理員と連携して対応する。

実践 離乳食 子どもの姿勢

正しい姿勢で食事ができているでしょうか。背筋と腹筋を使って座ることができるように援助しましょう。

座り方が食事に影響する

子どもが食事中に落ち着きがない場合、「集中力」や「意欲」の問題と捉えることがありますが、「座り方」が原因になっていることもあります。

足が床についていないと、姿勢が保てず不安定になります。また、骨盤がうしろに傾いた状態で座っていると、猫背になったり、常に体が動いたりして落ち着きがなくなります。

骨盤を立てて座っているため背筋が伸びている

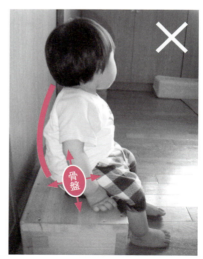

骨盤がうしろに傾いているため背筋が曲がってしまう

出典：鈴木八朗『40のサインでわかる乳幼児の発達』黎明書房, p57, 2015. をもとに作成

環境づくりと援助　第2章

演習

姿勢を保持するための工夫を考えましょう

- 発達に合わせてサポートするには、どのような方法があるでしょうか。

正しい姿勢にするための工夫

●**抱っこでの食事援助**
背中ではなく腰を支えるようにして、子どもが正しい姿勢を習得できるようにします。

●**椅子の高さを調節する**
足を床について食べることが大事です。椅子の高さが合わない場合、足置き台などで調節します。

子どもの腰を支える

バスマットで作った足置き台

●**遊びで体幹を鍛える**
たかばい、よつばいで遊ぶ時間を増やすと、腹筋や背筋が鍛えられます。歩ける子どもにも、トンネルくぐりやハイハイで階段をのぼるなどの遊びを取り入れるとよいでしょう。箱の中にまたいで出入りする動きも、体幹を鍛えるのに有効です。

離乳食／子どもの姿勢

実践 離乳食 保育者の座る位置

子どもの様子をしっかり見守るためには保育者の座る位置にも工夫が必要です。

食べる子どもをじっくり観察するには

　食べる子どもの様子をよく観察するには、子どもと保育者の位置関係が大切です。食事中も子どもはさまざまなサインを発しています。保育者にはそのサインを受け取り、適切に対応する力が求められます。
　「残さず食べた」「スプーンを使って食べている」といった認識をさらに深めて、「どのように」「どんな発達段階で」という視点をもちましょう。例えば、テーマを決めて観察すると多くのことが見えてきます。

子どもの発するサインを見逃さない

　子どもはさまざまなサインを出しています。それらをしっかり受け止め、信頼関係を築くことが大事です。オーバーなアクションや言葉かけではなく、アイコンタクトだけでも伝わります。

さまざまなサイン

哺乳瓶に添える手は、飲みたい意欲の表れ

「次はあれを食べたい」と示す指差し

食事の終わり「ごちそうさま」を伝えるしぐさ

演習

対応のしやすい子どもとの位置関係を考えましょう

- 1対1で対応するときに、どの位置に座ったらよいでしょうか。
- 一人で複数人を対応するとき、どの位置に座ったらよいでしょうか。

子どもと保育者の位置

手助けが必要な子から順に、保育者が利き手で対応しやすい位置に子ども座らせます。下図は座り方の一例です。

保…保育者（利き手が右手の場合）
①〜④…子ども（数字が小さいほど見守りが必要な子）

保育者1名＋子ども1名

保育者1名＋子ども2名

保育者1名＋子ども3名

③はあまり手助けを必要としない子ども

保育者1名＋子ども4名

③の子どもが増えたら4人に増やす
④はほとんど手助けを必要としない子ども

出典：鈴木八朗『40のサインでわかる乳幼児の発達』黎明書房, p43, 2015. をもとに作成

実践 離乳食 援助の方法

援助される子どもの視点になって考えることで、どのような方法がよいかが見えてきます。

毎回同じ手順で対応する

　保育者が日によって変わる場合など、人によって手順が変わると子どもはとまどってしまいます。どの保育者が対応しても同じ手順になるように職員間で連携できるとよいでしょう。

手順の一例
① 「ごはんを食べようね」と声をかける。
② いつもの席に座る（65ページ参照）。
③ 食事用のエプロンをつける。
④ タオルで口、左手、右手を順に拭く。
⑤ 「いただきます」のあいさつをする。
⑥ お茶をひと口飲む。
⑦ 食べ始める。
　・手づかみ食べができる子どもには、食材を小皿に移すなどして促す。
　・スプーンを使う子どもは持ち方を確認する（33ページ参照）。
⑧ 食べ終わったら最後にお茶をひと口飲む。
⑨ 「ごちそうさま」のあいさつをする。
⑩ タオルで口、左手、右手を順に拭く。
⑪ エプロンを外す。

ごはんやおかずを食べるとき

　子どもがまだ自分で食べられないときには、介助用スプーンを使って対応します。子どもが「自分の意思で食べている」と感じられるような援助を心がけます。

①スプーンの先に適量の食べ物をのせる。

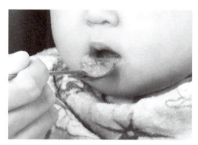

②スプーンを子どもの下唇に当てる。

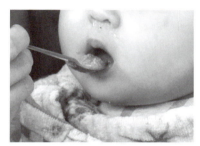

③子どもが自分から食べ物を取り込もうとするのを待つ。

④唇が閉じるのと同時にスプーンを水平にゆっくりと引き抜く。

【注意事項】
- 子どもの気持ちを尊重する。
- 食べたくないときは、食べ物が唇にふれたときに、舌を出して拒否するため、無理にスプーンを子どもの口に押し込むことはやめる。
- スプーンを口の奥に入れたり、引き抜くときに上あごにこすりつけたりしない。

飲み物、汁物を飲むとき

　離乳食を開始する時期には、コップや汁椀で飲む練習を始めます。子どもが苦手意識をもたないような注意が必要です。

　液体が口に入る量とスピードは上唇で感じます。まずは、すすって飲む練習から始めます。

援助の手順

① 「○○を飲もうね」と声をかけ、口に入るタイミングを知らせる。
② 子どもが上下の唇でコップの縁をはさめるように当てる。
③ コップを傾けて、上唇が水面についていることを確認する。

【注意事項】
- 正面からではなく、横から飲ませると口の動きがわかりやすい。
- 飲んだ量を把握するために、最初は透明のコップで練習する。
- 無理に流し込むことはしない。

演習

援助される子どもの感じ方を体験してみましょう

- 保育者同士で食べさせ合ってみましょう。どんなことに気づくでしょうか。

実践的な演習方法

援助される子どもの感じ方を体験するために、実践的な演習をしてみましょう。

● **スプーンを使った体験**

職員が2人1組になり、介助用スプーンにのせたゼリーを相手に食べさせます。相手が感じたことを聞き取り、改善点を考えます。

①**言葉をかけずに食べさせる**

相手の感じ方
- いつ食べものが口に入ってくるかわからず不安を感じる。
- 視線が合わないと不安を感じる。

②**正面から食べさせる**

相手の感じ方
- 威圧感、不安、戸惑いなどがある。

③**食べ物を舌の奥に置く**

相手の感じ方
- 舌先に食べ物を移動したくなる（舌先に食事がのらないと食べにくい）。
- 丸のみしたくなる。

※同じように、飲み物でも試してみましょう。

実践 離乳食 手づかみ食べ

手づかみ食べで「食べる意欲」を促しましょう。保護者への啓発も大切です。

手づかみ食べのメリット

子どもが手づかみで食べるとき、食べ物の大きさ、固さ、温度などを確認したり、自分が食べられるひと口の量を学んだりします。汚れるからといって手づかみ食べをさせなかったり、手伝いすぎると、自分で食べようとする意欲を失いかねません。

【注意事項】
- 子どもの手に持たせるのではなく、自ら手に取るまで待つ。
- 口に入れすぎないように気をつける。
- 保護者に手づかみ食べの重要性を伝える。
- 食べやすい食材や調理形態を考える。
  例）軟らかくゆでたスティック野菜
　　　おにぎり
　　　ひと口量の野菜の煮物　など

個人差に注意する

手のひらで口に押し込んでいるようなら、まだ時期が早く、おもちゃなどを指でつまむ行為が見られたら開始します。ただし、無理に食材を手に持たせるのではなく、子どもが自発的に手づかみするのを見守ります。

環境づくりと援助　第2章

演習

手づかみ食べをする時期の手の動きを促す遊びを考えましょう

- 子どもはどのような手の動きをしているでしょうか。
- 次の発達段階に進むために、どのような遊びが考えられるでしょうか。

離乳食／手づかみ食べ

手の発達を促す遊び

握る

手づかみ食べを始めるには、5本の指を使って握れることが前提になります。そこで、握る動きを楽しめる遊びを考えます。

- **ペットボトルのマラカス**

ペットボトルの中に鈴などの音のするものを入れてフタをします。ペットボトルはさまざまな太さや大きさのものがあるので、いくつか用意できるとよいでしょう。

指先でつまむ

「つかむ」ことができるようになると、次は指先を使って「つまむ」動きへと発展していきます。

- **チェーン落とし**

チェーンをつまんで、飲み物用の容器の注ぎ口などに入れるおもちゃです。チェーンは長いほどゆらゆら揺れるので、遊びの難易度が上がります。

離乳食 食器と食具

離乳食の段階によって、使う食器や食具が変わります。食器と食具の相性も重要です。

食器と食具の種類と特徴

離乳食期の食器や食具は、発達段階によって使い分けます。

離乳食初期（すべてを食べさせてもらう時期）

介助用スプーンの選び方が重要です。柄が長く、ボウルの部分ができるだけ浅く、子どもの口幅より小さいものを選びます。

離乳食中期（手づかみ食べの時期）

初期の食器に加えて、手づかみ食べの取り皿を用意してもよいでしょう。取り皿は小さく、皿の内側が少し湾曲していると子どもが使いやすいです。

離乳食後期（食具を使って食べる時期）

中期の食器に加えて、子ども用スプーンを用意します。持ち手は平らなものよりも、ある程度の厚みがあると持ちやすいでしょう。また、食器の形状がスプーンですくいやすいものになっているのが理想です。

離乳食後期の食器

演習

スプーンを持つ時期の子どもの手の動きを促す遊びを考えましょう

- スプーンを持つ手はどのように変化していくでしょうか。
- 次の発達段階に進むために、どんな遊びが考えられるでしょうか。

手の発達を促す遊び

すくう

おもちゃを持つ手の形、動きを観察して、適切な持ち方を促します。スプーンを食器の縁に添わせて食べ物をすくう動きができるように意識します。

- **れんげすくい**
フェルト玉をレンゲですくって製氷皿に入れます。

つまむ・ひねる

指先を使う動きに加えて、手首をひねる動きも遊びの中に取り入れます。水道の蛇口やドアノブをまわしたり、水筒のフタを開けたりするなど、ひねる動きは生活のさまざまな場面で必要になります。

- **ネームプレート入れ**
プラスチック容器のフタに、ネームプレートを差し込める穴を縦横に開けます。プレートを手でつまんで、穴に差し込んでいきますが、穴の向きによって手首をひねる必要があります。

実践 離乳食 食べこぼし対策

保育者がストレスをためず、ゆったり対応できることが大事です。同時に、食べこぼしの原因も探る必要があります。

食べこぼしの原因を見極める

まず、食べこぼしの原因を探ってみることが大事です。食具がうまく使えていれば食べこぼしは少なくなります。スプーンに大量に盛ってしまうとこぼしやすいので、声かけで注意を促します。

汚れてもよい環境づくり

子どもが食事をするテーブルの床には、防水性のある食事用のシートなどを敷いて、あとかたづけがしやすいようにしておきます。また、子ども用の食事エプロンも、体の前面を広く覆い、こぼれたものをキャッチしやすく、手入れのしやすいものを選びます。

特に、保護者が家庭での対応に悩むケースが多いため、園での工夫を保護者にアドバイスするとよいでしょう。また、保護者会などで、各家庭での工夫を話し合ってもらうと、さまざまなアイデアが出てくるかもしれません。

食事用エプロン
子どもが自分でも着脱しやすい、タオルとゴムを使ったエプロン。フェイスタオルを半分に折り、ゴムをつけて縫ったもの。

演習

食べこぼし対策としてどのような工夫ができるか考えましょう

- 食べこぼしの多い子と少ない子の違いはどこにあるでしょうか。

食べこぼしの原因

「食べこぼし」というテーマで観察日記をつけてみると、さまざまなことが見えてきます。保護者に知らせたいことも整理できるでしょう。

● **口にうまく入れられない**
手や口の発達が食事と合っていない、食事が子どものひと口量に合っていない、などが考えられます。

● **落ち着いて座っていられない**
椅子が体と合っていない、座り方が適切でない、食器が扱いにくい配膳になっている、などが考えられます。

● **遊び食べをする**
おなかがすかず食欲がない、食べる時間が長い、などが考えられます。

● **好き嫌いがある**
嗜好と合わない、口の発達が食事と合っていない、などが考えられます。

実践 離乳食 環境づくり

子どもへの刺激が食欲や集中力を左右します。落ち着いて食べられる、援助できる環境を整えます。

子どもの視点で環境をチェックする

離乳食期には、同じ部屋で食事をする子どもと遊ぶ子どもが共存する環境になりがちです。ほかの子どもが遊ぶ姿や気になるおもちゃや絵が見えたりすると気が散って、食事に集中することができません。部屋の構造や可動式のついたてなどを利用して、落ち着いて食べられる環境をつくりましょう。

援助のしやすい空間をつくる

子どもが食べはじめてから、保育者が何度も立ったり座ったりすることのないように、環境を整えます。援助しながら、その場で必要なものを手に取れるよう、ものの配置に工夫します。

牛乳パックに布テープを巻いた保育者用の腰かけは、正座にちょうどよい高さ

可動式のついたてで落ち着いた空間に

ティッシュを乗せたプラケースを持ち上げると、下のプラケースにぞうきんが入っている

演習

落ち着いて食事のできる環境について考えましょう

● 食事に集中するためにはどんな環境づくりが必要でしょうか。

環境づくりの工夫

家具の位置を少し変えるだけでも環境が大きく変わることがあります。個々の保育者ができる工夫を話し合ってみましょう。

衛生
・排泄スペースとは離れた場所に、食事スペースを設置できているか。
・空気を汚さないような工夫ができているか。
・食べこぼし対策ができているか。

視界
・子どもの視界に入るものを減らして食事に集中できるようにしているか。
・ほかの子どもの様子が見えないようにしているか。

音
・周囲の生活音や声などが気にならない工夫ができているか。
・落ち着いたおだやかな口調で声をかけているか。

安全
・調乳スペースには扉や柵を設置しているか。
・配膳台や食器などは、安全な場所に置いているか。

動線
・配膳のとき、子どもの安全を確保して、食事が運びやすい動線を確保できているか。
・食事の準備から完了までの子どもの動きがスムーズにできるようになっているか。
・保育者が途中で立ち歩かなくてよい工夫ができているか。

実践 幼児食 幼児食への移行

離乳食と幼児食には明確な区切りはありません。個々の発達段階に合わせた対応が必要です。

離乳食の完了とは

　生後12～18か月ごろが離乳食の完了時期とされていますが、月齢はあくまでも目安です。食事が幼児食に切り替わったからといって、口や手の発達が伴わない場合は、前の段階に戻す必要があります。

見きわめのポイント
・1日3回の食事のリズムが整っている。
・援助がなくとも、意欲的に食事ができる。
・食べ物を丸のみしないで咀嚼できる。
・固さの違うものを見分けて、それぞれに合った咀嚼ができる。
・食器や食具を適切に扱える。

幼児食にも段階がある

　「幼児食」＝「大人と同じ食事」と認識している保護者もいますが、幼児食にも、子どもの発達に合わせた調理形態があります。咀嚼ができるようになっていても、食材や調理法によっては、まだ噛めないもの、噛みづらいものがあるためです。また、まだまだ薄味を心がけます。保育者は個々の子どもの様子を把握し、栄養士や調理員、保護者と連携して対応する必要があります。

演習

献立表や献立サンプル展示の活用方法を考えましょう

- 献立表は、どこに注意して見るべきでしょうか。
- 献立サンプルは、どこに注意して見るべきでしょうか。

献立の活用方法

献立表や献立サンプルにも多くの情報が詰まっています。見るべきポイントをおさえて、保護者との会話に役立てます。

献立表のポイント

- **栄養バランス・カロリー**
  食材を3色食品群に分けて、バランスよく使っているものが一般的。
- **使われている食材**
  旬の食材にどのようなものが使われているかを注目する。
- **献立の種類（和食・洋食など）**
  1食の中での統一感や、献立のローテーションに注目する。
- **食物アレルギーの対応**
  食材の利用について、保護者との連絡に活用するとよい。

献立サンプルのポイント

- 盛りつけの仕方（彩り、食器の置き方）
- 盛りつけの量（家庭との比較）
- 調理形態（刻み方、固さ、レシピ紹介）
- 食材の安全性（産地や入手先の表示）

実践 幼児食 子どもの姿勢

この時期の姿勢は、環境の整え方に大きく影響されます。子どもの様子をよく観察しましょう。

テーブルや椅子との相性

　離乳期に適切な座り方ができるようになっていればよいのですが（62～63ページ参照）、途中で入園してくる子どもなど、幼児食になってからも対応が必要な場合があるでしょう。

　姿勢が悪いと、消化・吸収が悪くなり、集中力も失われてしまいます。体や手の発達だけでなく、椅子とテーブルの相性、家具と食器の相性なども、食事の姿勢に影響します。

正しい座り方

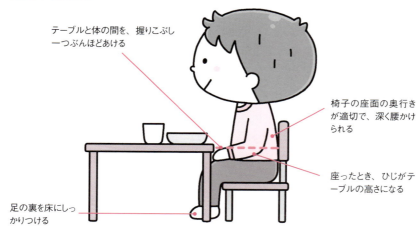

- テーブルと体の間を、握りこぶし一つぶんほどあける
- 椅子の座面の奥行きが適切で、深く腰かけられる
- 座ったとき、ひじがテーブルの高さになる
- 足の裏を床にしっかりつける

演習

食べている子どものどこを見たらよいかを考えましょう

- 食事の姿勢が悪いと、どのような悪影響があるでしょうか。
- 観察が必要なポイントを挙げてみましょう。

子どもと保育者の位置

　個別の援助が不要になったあとは、適切な食べ方ができているかを見守ることが重要です。この時期に誤った癖がついてしまうと直すのに苦労します。しっかりと観察できるように保育者の座る位置にも工夫しましょう。

　下図は座り方の一例です。8名の子は、それぞれ一人で食事を食べられるようになっていますが個人差があります。

保…保育者
①〜⑧…子ども（数字が小さいほど見守りが必要な子）

保育者1名 + 子ども8名

【観察のポイント】
・唇の動き方　・うでやひじの動き方　・食具の扱い方
・食器の扱い方　・座り方　など

出典：鈴木八朗『40のサインでわかる乳幼児の発達』黎明書房, p43, 2015. をもとに作成

実践 幼児食 環境づくり

心の発達が、食欲に影響しはじめる時期です。楽しく食べるための環境づくりを考えましょう。

保育室・ランチルームの環境づくり

この時期になると、食欲に応じて集中して食べるだけでなく、他者とのかかわりや食事の楽しみ方が変化してきます。清潔で雰囲気のよい空間で食事をすることや、食事中の会話を楽しむことが、食欲にもつながっていきます。

楽しい食事の工夫
- 座席の配置（グループ分けなど）
- 装飾などの雰囲気づくり
  例）
  テーブルに野の花を飾る。
  窓にカフェカーテンをかける。
  メニュー表を置く。
  音楽を流す。
- 食べる場所や配膳の工夫
  例）
  テラスで食べる。
  園庭で食べる。
  座卓で食べる。
  バイキング形式にする。

テーブルクロスで家庭的な雰囲気に

窓の外に、小鳥用の餌台を設置。小鳥たちも一緒に食事を

演習

食事を楽しむための工夫を考えてみましょう

- 仲間と一緒に食べることのよさをどのように知らせますか。
- 食事を作った人の思いをどのように知らせますか。

食事を通したコミュニケーション

食事は、味覚が感じるおいしさだけでなく、心で感じるおいしさも重要です。一緒に食べる人や食事を作ってくれた人とのコミュニケーションのあり方を考えてみましょう。

お茶を分け合う

グループごとに、給食で飲むお茶をピッチャーに入れて配ります。ピッチャーには、あらかじめグループの人数に対して少なめのお茶を入れておくと、「他者のことを考えて分ける」ことが必要になり、どのような行動をとるべきかを学んでいきます。

調理員とふれあう

給食の献立を調理室に聞きに行く係をつくります。毎日、係を交代することで、どの子どもも体験できるよう配慮します。調理員とふれあうことで、料理を作ってくれる人の気持ちを知ることができたり、給食を楽しみにして過ごすことができます。

幼児食 食の知識

何を食べているか知ることも食事への意欲を引き出します。
自分の体に興味をもつことが、将来の健康へつながります。

栄養バランスの伝え方

　バランスのよい食事は、和食の献立で考えるとわかりやすいでしょう。主食、汁物、主菜、副菜がそろっていると、自然と栄養バランスが整います。そのため、給食は栄養バランスを感覚的に身につけるための、よい教材になります。「いただきます」の前に、子どもと一緒に献立の内容を確認するとよいでしょう。

献立の確認ポイント
・どんな食材が使われているか。
・食材の栄養素がどんな働きをするか。
・旬のもの、行事にまつわるものがあるか。

自分の食べられる量を知る

　この時期、子どもが自分の食べられる量を知って、それを他者に伝えられるようになれるとよいでしょう。例えば、盛りつけのとき子どもが自分で食べられる量を申告するようにしてみます。苦手なものでも「ひと口は食べる」というルールだけは決めて、食べられる量については、子どもが決めたことを認めることが大事です。

演習

保育者自身が栄養バランスのよい食事ができているか振り返りましょう

- 自身の1週間の食事を書き出してみましょう。
- 「食事バランスガイド」と比較してみましょう。

食事バランスガイドの活用

保育者自身が栄養バランスのよい食事を知り、実行できていないことには、保護者に適切なアドバイスをすることができません。また、自身の体調、健康管理のためにも大事なことです。

「食事バランスガイド」を活用して、何をどれだけ食べたらよいのかを確認してみましょう。

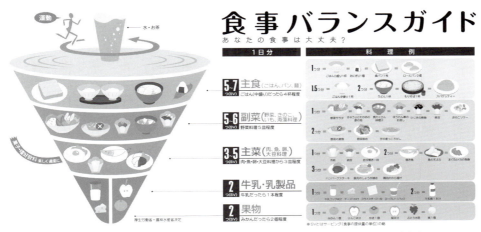

出典：厚生労働省・農林水産省WEBサイト

※詳細は、厚生労働省や農林水産省のWEBサイトを参照してください。

幼児食 食器と配膳

実践

料理の盛りつけや食器の配置には決まりがあります。幼児期から身につけておきたいマナーの一つです。

食器の種類と配膳方法

園によって扱う食器は素材や形がさまざまですが、一般的には主食のごはんをよそう茶わん、汁物をよそう汁わん、主菜や副菜を盛りつける皿、という組み合わせになるでしょう。これは、一般的な和食の献立である一汁二菜（三菜）が基本になっています。

一汁二菜の配膳

副菜
野菜、果物、きのこ類などを使った料理。深さのある小さな器の場合が一般的。左奥に置く。

主菜
肉、魚、豆、卵などを使った料理。浅い大皿の場合が一般的。右奥に置く。

主食
米、めん類、パン類、いも類など。献立によって器を変える。左手前に置く。

汁物
みそ汁、スープなど。献立によって器を変える。右手前に置く。

食具
はし、スプーン、フォークなど。献立によって変える。

第2章 環境づくりと援助

幼児食／食器と配膳

演習

食器の選び方、扱い方を確認してみましょう

- 食器の素材にはどのようなものがあるでしょうか。
- 子どもたちの食器の扱い方は適切ですか。

食器素材の特徴

食器の素材にはさまざまなものがあります。主な素材の種類と一般的な特徴を認識しておきましょう。

- **磁器食器**
  メリット：色素沈着しにくい、有害物質を含まない、劣化しにくい
  デメリット：割れやすい、重い
- **木製食器**
  メリット：軽い、有害物質を含まない、割れにくい
  デメリット：色素沈着しやすい、劣化しやすい
- **プラスチック食器（ポリプロピレン・メラミン・ポリカーボネート）**
  メリット：軽い、割れない
  デメリット：色素沈着しやすい、有害物質を含む場合がある
- **強化ガラス食器**
  メリット：色素沈着しにくい、有害物質を含まない、劣化しにくい
  デメリット：割れたときの破片の飛散が激しい、重い

食器の扱い方

スプーンを使う場合、手に持たない食器はすくいやすいように手を添える

茶わん・汁わんは4本の指で糸底（椀の底の部分）を支え、親指は茶わん（汁わん）の縁にそっと添える

幼児食 はしの持ち方

手指の発達は個人差が大きいため、スプーンからはしへの移行は焦らず進めましょう。

はしを始める時期

はしを始める時期も、発達に合わせた個人差があるので、焦らずに進めていくことが大事です。色えんぴつなどをペングリップで持ち、人さし指と中指を使って縦に動かすことができれば、はしを持つ準備が整ったと考えられるでしょう。

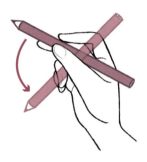

正しいはしの持ち方

次の手順ではしを持つ練習をしてみましょう。
①ペンを持つようにはしを1本持つ。
②もう1本のはしを親指のつけ根と薬指の先端に当てて固定する。
③下のはしを動かさず、上のはしだけを動かす。

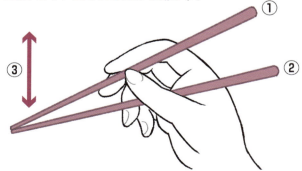

演習

 ### はしの扱い方を確認してみましょう

● はしを扱うときのマナーを知っていますか。

はし使いのマナー

　はし使いにはタブーがいくつもあります。はし使いのマナーは、ここで紹介する以外にもたくさんあるので、調べてみてください。

渡しばし	ねぶりばし	刺しばし
食器の上にはしを渡し置くこと	はし先やはしについたものをなめること	食べ物をはしで刺すこと

迷いばし	寄せばし	指しばし
食器の上ではしを動かして迷うこと	食器をはしで引き寄せること	はしで人やものを指すこと

たたきばし	立てばし	はし渡し
はしで食器をたたくこと	はしをごはんに立てること	はしとはしで料理を受け渡すこと

衛生面の習慣づけ

実践

自分の体や健康への興味と結びつけて、衛生面への配慮を習慣づけられるようにしましょう。

衛生面の習慣づけ

　生活習慣で必要な行動は、だれかに促されておこなうのではなく、自分から進んでできるようになることが理想です。例えば、食事の前には排泄する、手を洗う、エプロンをかける、といった一連の動きを自発的にできるようになることが、楽しい食事にもつながっていきます。
　そのためには、自分の体や健康に興味をもてるようになったり、そうすることが「気持ちいい」と感じられるようになったりすることが大事です。

常に同じ手順でおこなう

　乳児期から意識しておきたいのは、習慣づけるために保育者が常に同じ手順で対応することです。保育者によってやり方が変わったり、日によって違ったりすることがないように、職員間で確認していきましょう。

同じ環境と手順でくり返すことで習慣になり、大人に促されることなくできるようになる

演習

正しい手洗いの方法を確認しましょう

● 正しい手洗いの手順を知っていますか。

正しい手洗い

　感染症や食中毒の予防の基本は手洗いです。手の洗い方は、大人も子どもも同じです。保育者が正しい手洗いを知っていることが大事です。

①流水で手をぬらす	②十分な量の石けん（洗浄剤）を手に取る	③手のひらと指の腹面を洗う
		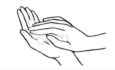
④手の甲と指の背を洗う	⑤指の間（側面）と股（つけ根）を洗う	⑥親指と親指のつけ根を洗う

⑦指先（爪）を洗う	⑧手首を洗う	⑨石けんを流水でよくすすぐ

⑩清潔なタオルなどでしっかり手を拭く 	・幼児には、アルコールの消毒液は刺激が強いため使わない。 ・タオルを使う場合は共用しないように気をつける。	

出典：公益社団法人日本食品衛生協会WEBサイトをもとに作成

食事のマナー

実践

食事のマナーは他者とのかかわりの中で身につきます。保護者にも伝えていきましょう。

かかわりの中で育む

　食事のマナーを身につけることは、楽しくおいしく食べることにつながっていきます。自分自身がここちよく食事ができるだけでなく、一緒に食べる相手も不快な気持ちにさせないために必要だということが伝わるとよいでしょう。

　子どもは、他者の様子をまねることでマナーを身につけていきます。まずは、かかわる大人がお手本を見せることが大事です。また、異年齢で食事をするのもよいでしょう。年上の子どもの様子を見て上達していきます。

保護者にも一緒に食事を食べるように促す

　家庭で子どもが一人で食事をする「孤食」が問題視されています。育児放棄のような深刻な場合だけでなく、例えば、子どもが食事をしている間に、忙しい保護者がほかの家事をやるなど、子どもと同じ空間にいても一緒に食卓につかないような場合もあります。

　手の込んだ料理を作るより短時間で調理して、一緒に食卓を囲むことも大切にしてほしいと、保護者に伝えていきましょう。一緒に食べることでも、子どもはマナーを身につけていきます。

演習

園でできるマナー指導について考えてみましょう

- 食事のマナーにはどのようなものがありますか。
- 子どもたちに伝えるときに、どんな注意が必要ですか。

園や家庭で伝えておきたい食事のマナー

あいさつ

「いただきます」「ごちそうさま」のあいさつには、食材を育てたり運んでくれたりした人、食事を作ってくれた人、自分たちの体になってくれる食材そのものに対する感謝の気持ちが込められていることを伝えます。

食事中の会話

口に食べ物を入れたまましゃべることは見た目が悪く、一緒に食べる人を不快な気持ちにさせることがあるので、避けたいものです。しかし、食事中の会話を禁止することも、楽しい食事につながりません。

「飲み込んでから話をしようね」「そろそろごちそうさまかな」など、楽しい雰囲気をくずさないように声をかけましょう。

食べ残し

嫌いなものを無理に食べさせるのは、食べること自体を嫌いになってしまう恐れがあります。残すときは食器の端に寄せるように伝えて、少しでも食べられたときに、ほめるようにしていきましょう。

就学に向けた活動

就学に向けた準備は大切ですが、無理強いは禁物です。一人ひとりの状況を見ながら進めていきましょう。

就学後の生活の変化

　小学校では給食を食べる時間が園よりも短くなることが多く、また、配膳も子どもたち自身がおこなうようになるので、まったく経験がないと、最初はとまどってしまうかもしれません。
　好き嫌いへの対応も気になります。無理に食べさせるようなことはしていない小学校がほとんどですが、指導されることはあるでしょう。

無理強いはしない

　就学後の生活の変化を見据えて、園児のうちに意識しておけば小学校でとまどうことはないかもしれません。しかし、無理強いは禁物です。
　子どもには優れた順応性があります。たとえ園でおこなっていなくても、就学後はその環境に合わせられる場合がほとんどで、過度に心配することはありません。保護者にも「心配しなくてよい」と伝えて、安心してもらうことが大事です。
　どうしても気がかりな場合は、子どもを変えようとするのではなく、就学先の小学校の先生に直接相談するなど、小学校との連携を検討してみましょう。

演習

就学を意識した活動について考えましょう

- どのような取り組みができるでしょうか。
- 無理強いしないためには、どのような点に注意したらよいでしょうか。

就学を意識した活動

小学校の活動へとスムーズに移行できるように、園の活動の中に自然と取り入れる工夫を考えます。

数や量を意識する

●**食べられる分量**

配膳のとき、子どもが自分の食べられる量を伝えて盛りつけてもらう。

言葉かけの例
（先に見本の盛りつけを置いておく）「見本より多い、少ないで教えてね」

●**食べる時間**

準備から食べ終わるまでを30分程度と決めて、時計の見方を伝える。

言葉かけの例
「大きい針が6から12に動く間が給食の時間だよ」
「おかわりは10のところまでにしてね」

●**あとかたづけ**

食べ終わった後のかたづけを子どもができるように環境を整える。食器を重ねる数を決めて、意識できるようにする。

言葉かけの例
「お皿が10枚になったら、その上には重ねないでね」

食文化の伝承

実践

伝統の食文化を経験できる場が減っています。園で体験できるようにすることも大事な活動です。

伝統文化を継承する意味

日本には四季があり、恵まれた自然環境の中でさまざまな食文化が育まれてきました。しかし、現代の生活の中では、そうした文化の継承が薄れつつあります。年中行事の中で伝えられてきた食文化にふれることは、先人の知恵を学ぶ機会にもなります。園で積極的に取り入れ、子どもたちに伝えていくことは大きな意義があるでしょう。

行事食を食す

年中行事は、人々が健康で長生きすることや、災害に見舞われず、作物が実り豊かに育つことなどが願われたことに起源があります。さまざまな行事食もともに伝えられてきました。

代表的なものに、正月のお節料理があります。お節料理の原型は、正月に神様に供える室内飾り（餅、のしアワビ、伊勢エビ、昆布、きんかんなど）のおさがりをいただいて調理したことが始まりといわれています。黒豆は「まめ（健康）に暮らせるように」、昆布は「喜ぶ」に通じるなど、言霊信仰から縁起のよい名前の食材が好んで用いられます。

行事食を食べるときに、ただおいしくいただくだけではなく、その食事のもつ意味を知っておくことも大事です。

演習

年中行事の種類や行事食について調べてみましょう

- 園の行事にどんな取り入れ方ができるでしょうか。
- 子どもたちにどんなことを伝えられるでしょうか。

日本の年中行事と行事食

行事名	月日	いわれと行事食
正月	一月一日	1年の最初の年中行事。歳神様を家に迎え、新しい1年を無病息災で過ごせるようにと願い、新年を迎えた喜びを祝う日。 ●行事食 お節料理▶無病息災や五穀豊穣を願い、縁起のよい食材を使って作る料理。地域によって内容が異なるが、代表的なものに次の料理がある。 数の子（卵の数が多いことから子孫繁栄）、きんとん（栗とさつまいものあんの黄色を黄金色に見立て商売繁盛・金運）、田作り（カタクチイワシの稚魚の干した「ごまめ」を甘く味つけて五穀豊穣）、だて巻き（昔の書物の「巻物」になぞらえて学問や文化の繁栄。卵は子孫繁栄と黄金色の宝の象徴）
人日の節句	一月七日	冬越しした植物の生命力が邪気をはらうとされ、春の七草で作ったかゆを食べるようになった。 ●行事食 七草がゆ▶無病息災と五穀豊穣を願って、春の七草を使って作り、朝に食べる。春の七草は、せり・なずな・ごぎょう・はこべら・ほとけのざ・すずな・すずしろ。
節分	二月三日	節分とは季節の変わり目の前日を指し、中でも立春前日の2月3日が行事化されている。豆まきで鬼（厄）を追いはらい、福を呼ぶ。また、ヒイラギの枝にイワシの頭を刺して玄関に下げ、鬼や災いの侵入を防ぐ。 ●行事食 炒り豆▶無病息災を願い、歳の数だけ食べる。
上巳の節句（桃の節句）	三月三日	女の子の節句「ひなまつり」として定着し、桃の花やひな人形を飾って、子ども健やかな成長を願う。 ●行事食 ひなあられ▶米を炒って砂糖をかけたもの。 ひし餅▶白色のほか、緑、紅色などに染めたのし餅をひし形に切って重ねたもの。重ね方や色は地方によって異なる。 ハマグリの吸い物▶対になっている貝殻でなければ合わないハマグリは良縁や夫婦円満を表す縁起物の食材。

行事名	月日	
端午の節句	五月五日	男の子の節句。子どもの立身出世を願い、五月人形やこいのぼりを飾り、菖蒲湯に入る。 ●行事食 **柏餅**▶柏の葉は新芽が出ないと古い葉が落ちないことから、家系が途絶えない子孫繁栄を意味する。 **ちまき**▶中国の故事に由来する。餅や餅米を笹の葉などで三角形に包み、い草などで縛ったもの。
七夕	七月七日	7月7日の夜に、天の川の両岸にいる彦星と織姫が年に一度出会うことができるという伝説に基づいた行事。 ●行事食 **そうめん**▶昔の中国で7月7日に索餅（さくへい）というめん料理を供えて無病息災を祈った行事があり、それが日本に伝わって索餅がそうめんに変わっていったとされたもの。
盆	八月十三日〜十六日	盂蘭盆会（うらぼんえ）という先祖の霊をまつる行事。 ●行事食 **精進料理**▶穀類・野菜・山菜・海藻などの植物性食材で作った料理。精進とは仏教用語で、美食を戒めて粗食で精神修養をすることから、肉を使わない料理を精進料理と呼ぶようになった。
十五夜	旧暦八月十五日（九月七日〜十月八日のいづれかの日）	中秋の名月の夜。月見だんご、芋、豆、栗などを供え、ススキや秋の草花を生けて月を眺めながら収穫を感謝する行事。 ●行事食 **月見だんご**▶上新粉などで作った月に見立てただんご。月に供えた後に食す。
七五三	十一月十五日	7歳、5歳、3歳の子どもの成長を祝う。 ●行事食 **千歳飴**▶子どもの長寿を願って、細く長く作られた飴。縁起を担いで紅白に着色した飴を、鶴亀や松竹梅などが描かれた袋に入れる。
冬至	十二月二十二日ごろ	1年のうちで日の出から日没までの時間が最も短い日。寿命が長く病気にも強い柚子の木にちなみ、柚子湯に入って無病息災を願う。 ●行事食 **かぼちゃの煮物**▶冬至にかぼちゃを食べると中風（脳卒中などの後遺症による麻痺）や風邪を患わないと、江戸時代に広まった風習といわれている。
大晦日	十二月三十一日	1年の最後の日。旧暦では毎月の最後の日を「晦日（みそか）」と言った。大晦日にはさまざまな年越しの行事がおこなわれる。 ●行事食 **年越しそば**▶長く細いそばにちなんで、健康長寿や家運長命などの縁起を担いで食べられるようになったという説が一般的。

第3章

健康面での配慮

子どもの健康にかかわる食の問題に対して保育者がもつべき知識や、保護者に伝えておきたいことを紹介しています。

偏食、遊び食べ、むら食い

偏食や遊び食べは、子どもの食の悩みの中でも上位を占めています。保育者は、焦らず、あきらめずに向き合っていきましょう。

偏食

　2015年の「乳幼児栄養調査」（厚生労働省）によると、幼児をもつ保護者のうち、約3割が偏食に悩んでいるという調査報告があります。しかし、偏食は成長に伴って軽減することも多いので、無理強いせず、楽しい雰囲気の食卓づくりを心がけることが大切です。

遊び食べ

　おもちゃをかたづけ、椅子やテーブルを子どもに合わせたものにするなど、環境づくりに配慮します。また、「いただきます」「ごちそうさま」のあいさつで食事時間を意識させ、長くても30分程度で終わらせましょう。
　一方で、手づかみ食べやスプーンの使い始めの時期は、食べ物で遊んでいるとしか見えないこともありますが、ある程度は見守ることも必要です。

むら食い

　発達速度がゆるやかになり、必要な栄養素量の減少に対応するための調節作用とも考えられているため、一定期間を平均すると必要な栄養素は摂取している場合がほとんどです。ただし、食欲不振が続くときは何らかの疾病の可能性もあるので、乳幼児身体発育曲線の確認などが必要です。

演習

偏食への対応について考えましょう

- 無理なく食べられるようにするためにどんな工夫ができるでしょうか。

対応のポイント

どんな場合も無理強いしない

食べず嫌いということもあるので、「ひと口だけ」と促してみることは必要です。そのひと口で、子どもがおいしさに気づいて、自ら進んで食べるようになることが大切です。

子どもが食べる量を自分で決める

幼児食になったら、自分で食べられる量を申告してよそってもらう配膳方式にしてみるのもよいでしょう。自分で決めたものは、おいしく食べることができます。まずは食べることを好きになることが大事です。

野菜の栽培をする

園庭やプランターで栽培した野菜を給食で調理してもらいます。自分で育てた野菜なら「ひと口なら食べてみよう」という気持ちになるかもしれません。

異年齢が食べる姿を見る

異年齢で一緒に食べる機会をつくり、年上の子どもが自分の苦手なものを食べる姿を意識させたり、反対に年下の子のお手本となるような場面をつくってみます。

食欲不振、肥満

活発に動けているなら、それほど心配する必要はありません。生活リズムの見直しから始めてみましょう。

食欲不振

　空腹を感じるためには、遊びなどで十分にエネルギーを消費することが必要です。また、早寝早起きなどの生活リズムが整うと、少食や食欲不振が起こりにくいので、保護者との連携が不可欠です。

　長期にわたって食欲不振が続く場合は、身長も確認しましょう。乳幼児身体発育曲線の一番下の線より低い状態が続く場合には、医療機関の受診を勧めることが望ましいでしょう。

肥満

　乳児の肥満は、歩き出してエネルギー消費量が増えると解消することがほとんどですが、幼児期の肥満は学童肥満につながりやすいといわれています。肥満の子どもの食生活の特徴として、1回の食事の品数が少ない割に摂取エネルギーが多く、甘いものを好み、ジュースや牛乳を多飲していることなどがあげられます。また、孤食や外食の回数が多いこと、朝食の欠食や睡眠不足なども肥満と関係があると指摘されています。

　一方で、肥満を気にする保護者が食べさせないことによる栄養不足の問題もあるようです。

演習

食欲不振や過食の子どもと保護者への対応について考えましょう

● 子どもや保護者に対して、どんな工夫ができるでしょうか。

対応のポイント

盛りつけの工夫で食べる意欲を引き出す

　少食の子には、まず普段の半分くらいの量を盛りつけます。まだ食べられそうなら、おかわりをして、食べる意欲を育みます。

睡眠や外遊びなど、生活リズムの見直しを促す

　早寝早起きができている子どもは、食欲不振などの問題が出にくいといわれています。また、外遊びで体を十分に使うことも大切です。保護者会などで、家庭での様子を保護者同士で話し合ってもらうと、さまざまな気づきがあったり、よいアイデアが見つかったりするかもしれません。

飲み物にも注意する

　飲料のカロリーを気にしない家庭もあるので、牛乳やジュースを飲みすぎていないか確認してみましょう。

医療機関の受診が望ましい場合

　乳幼児身体発育曲線（18～19ページ参照）からの大幅な逸脱や急激な増減、また、長期間同じ数値が続く場合には、保護者に医療機関の受診を勧める必要があるかもしれません。ただし、伝え方には配慮が必要なので、管理職者や専門家と相談しながら対応しましょう。

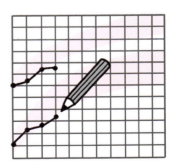

咀嚼（そしゃく）

食べ物は咀嚼によってだ液と混ざり合い、消化・吸収が促進されます。口の機能に合わせて、咀嚼を促す食事を提供することが大切です。

咀嚼の効用

適切な時間に食べ終われない、口の中の食べ物をいつまでも飲み込めないといった子どもがいる一方で、ほとんど噛まずに丸のみにしてしまう子どももいます。日本咀嚼学会が推奨する標語「ひみこの歯がいーぜ」に示されているように、噛むことにはたくさんの効用があります。

 ひ　肥満予防
よく噛むと満腹中枢が働き食べ過ぎを防ぐ。

 み　味覚の発達
よく噛んで味わうことで、食べ物の味がよくわかる。

 こ　言葉の発音がはっきり
口のまわりの筋肉を使うため、表情が豊かになり、きれいな発音ができる。

 の　脳の発達
脳細胞の働きを活発にし、子どもの知育を助け、高齢者は認知症の予防に役立つ。

 は　歯の病気を防ぐ
だ液がたくさん出て、口の中をきれいにする。だ液の働きが、虫歯や歯周病を防ぐ。

 が　ガンの予防
だ液中の酵素には発ガン物質の発ガン作用を消す働きがある。

 いー　胃腸の働きを促進
消化酵素がたくさん出て消化を助ける。

 ぜ　全身の体力向上と全力投球
力を入れて噛みしめたいとき、歯をくいしばることで力がわく。

出典：8020推進財団WEBサイトをもとに作成

演習

噛む力が弱い子や丸のみをする子どもへの対応について考えましょう

- 具体的な対応方法について考えてみましょう。

対応のポイント

食事形態を見直す

　口の中が咀嚼できるように発達しているか、口腔内の大きさや歯の生えた時期、本数などを確認し、無理なく食べられる食形態に変更します。

舌や唇の動きを促す

　舌や唇を使った遊び（あっかんべー、ストロー吹き、笛、シャボン遊びなど）を取り入れて、咀嚼機能の発達を促します。

筋力をつける

　全身の緊張が弱いために食事のときの姿勢が崩れ、咀嚼がうまくできない子どももいます。マット遊びなど体幹を使う遊びを取り入れ、姿勢が保持できるようにサポートしましょう。

噛むイメージをもたせる

　大人が一緒に食べて、噛む姿を大げさにして見せたり、鏡で自分の顔を見る機会をつくったりして、噛むときの口や舌の動きを確認させることも効果的です。

噛みごたえのある食材を取り入れる

　噛みごたえのある食材を取り入れたメニューを考えます。また、間食に小魚やスルメ、昆布など歯ごたえのある食材を取り入れたり、噛む回数を数えながら食べたりするのもよいでしょう。

誤嚥、窒息

食事は楽しいものですが、乳幼児の場合には食べ物による窒息事故が後を絶ちません。危険な食べ物や食べ方を知り、対策を立てておきましょう。

低年齢児の注意点

　人口動態調査の情報をもとに消費者庁がおこなった分析によると、2014年までの5年間で14歳以下の子ども103人が、食べ物を気管に詰まらせて死亡しています。このうち約半数が0歳児で、原因となった食べ物は、マシュマロやゼリーなどの菓子類が最多となっています。

　1～2歳児が口を開けたときの大きさはおよそ32mmで、これより小さなものは噛み砕いたとしてものどに詰まる可能性があります。特に、ミニトマトのような表面がツルツルしていて球形のものは注意が必要です。また、ピーナッツは誤嚥性肺炎を起こす危険があるので、3歳までは与えないほうがよいでしょう。

3歳以上の注意点

　3歳以上でも、たまたま動きながら食べていてのどに詰まらせるようなケースがあります。食事をするときは立ち歩かないなど、ルールを決めておきましょう。食べている最中に大声で話しかけることも危険です。

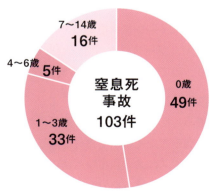

出典：消費者庁「厚生労働省『人口動態調査』に基づく、食品による窒息事故情報」2017.をもとに作成

演習

窒息事故の予防について考えましょう

- どのような場面で事故が起こりやすいでしょうか。誤嚥を起こさないための援助を考えましょう。
- どのような食材の事故が多いでしょうか。

窒息事故が起こりやすい場面

- 急いで食べているとき
- 口の中にたくさん詰め込んで食べているとき
- 食べることに集中していないとき（遊びながら、歩きながら、テレビを見ながら、など）
- 驚いたとき
- 子どもが一人で食べているとき

窒息事故の原因となった食品と発生件数

食品の分類	件数	内容
菓子類	11件	マシュマロ ゼリー、だんごなど
果実類	5件	りんご、ぶどうなど
パン類	4件	ホットドッグ、菓子パンなど
肉類	3件	焼肉、唐揚げなど
その他の食品	8件	餅、すし、チーズ、そうめんなど

※その他、原因となった食品が不明な事故が72件。

出典：消費者庁「厚生労働省『人口動態調査』に基づく、食品による窒息事故情報」2017.をもとに作成

調理内容と援助するときの注意

　どんな食品でも、のどに詰まらせる危険性はあります。食品の問題よりも、食べ方の問題として発達を見守っていくことが重要です。

　過去の窒息事故から、表面がツルツルした丸い形状のものには特に注意が必要です。例えば、白玉だんごは、水の代わりに豆腐を使うと、歯切れがよくなり食べやすくなります。また、ミニトマトやうずらの卵、ぶどうなど、丸ごと飲み込んでしまう危険性のあるものは、小さく切り分けたり、軟らかく煮たりするなどの工夫が必要です。

　また、食事中の子どもから目を離さず、決して一人で食べさせることのないように、保護者にも呼びかけていきましょう。

窒息事故の予防策

- ●食材は適切な大きさに切り、よく噛んで食べられるようにする。
- ●子どもの食事中は、常にそばにいて観察する。
- ●寝ながら、歩きながら、遊びながら食べさせることを避ける。
- ●食べ物を口に入れた状態で会話をしない。
- ●食事中に子どもを驚かせないようにする。
- ●食事を急かしたり、無理強いしたりしない。
- ●食べる機能の発達には個人差があることを考慮して食品を選ぶ。
- ●ヒヤリハットを職員間で共有する。

第3章 健康面での配慮

演習

誤嚥や窒息の際におこなう救命対応について確認しましょう

- 誤嚥・窒息が疑われる場合の救命対応ができますか。

まず大声で助けを呼び、119番通報を依頼してから次の方法をおこないます。ただし、意識がないとき（なくなったら）下記はおこなわず、ただちに心肺蘇生法を始めます。

幼児の場合

背中をたたく
素早く抱きかかえるか、または太ももで体を支え、頭を低くして、平手（手掌基部：手のひらの下の部分）で背中をたたく。

上腹部を突き上げる
子どもをうしろから抱くような形で、へそのすぐ上（みぞおちよりも下方の位置）に握りこぶしを当て、もう一方の手でその握りこぶしを上から握り、瞬間的に手前上方に突き上げる。

※この方法は乳児にはおこないません。また、おこなった場合には内臓を損傷している可能性があるので、窒息が収まっても必ず医師の診察を受けましょう。

乳児の場合

背中をたたく
自分の手で乳児のあごを支え、前腕部に子どもの体を乗せて頭を下げさせ、もう一方の手のひらで背中の真ん中をたたく。

胸部を突き上げる
乳児を仰向けにし、頭を下げ、後頭部と首を支え、指2本で胸の真ん中（胸骨の下半分）を数回強く圧迫する。

出典：日本赤十字社WEBサイトをもとに作成

口腔ケア

「歯を磨くと気持ちがいい」と子どもが感じられることが大切です。嫌がったら無理をせず、徐々に習慣にしていきましょう。

授乳期の口腔ケア

　離乳食を始めたら口腔ケアの準備を始めます。この時期はおしゃぶりをしたり、おもちゃをなめたり、乳首以外のものにふれる機会が増えています。そこでスキンシップの一環として、子どものほほや口のまわりにふれることが口腔ケアのスタートです。唇にふれても大丈夫であれば、清潔な指で口の中にふれてみましょう。

離乳期の口腔ケア

　最初の歯が生えたら歯磨きを始める準備をします。多くは下の前歯から生え始めますが、この歯はだ液で洗われて虫歯になりにくいので、ガーゼを人差し指に巻きつけて、そっと歯をぬぐえば十分です。ガーゼ磨きに慣れたら、機嫌のよいときに徐々に歯ブラシを使い始めます。

幼児食からの歯磨き指導

　上あごの前歯4本が生えそろうころまでに、歯ブラシを使っての歯磨きに慣れておくとよいでしょう。上の前歯を磨くときには、筋（上唇小帯）に歯ブラシが当たらないように磨きます。園で歯磨きをおこなう場合は、保育者が楽しそうに磨いている姿を見せて、子どもの意欲を育てましょう。

演習

家庭での口腔ケアの必要性と適切な食習慣について考えましょう

● 小児の口腔ケアについて保護者に正しく伝えられますか。

虫歯ができる4大要素

　虫歯は、元々の「歯の質」と「細菌」「糖質」が揃って、「一定の時間」が経過したときに発生します。下の4つの要素が重なる時間を短くすることが、虫歯予防にはとても大切です。乳歯の虫歯を放置しておくと永久歯の虫歯リスクが高まり、歯並びにも影響してしまうので、できるだけ早く治療することが大事です。

歯の質

細菌

食べ物

汚れがついている時間

虫歯の予防法

- 細菌の感染予防のため、大人との食器や食具の併用を避ける。
- 細菌の栄養源となる糖質の多い食品やジュースはなるべく控える。
- ダラダラ食べは避け、食事と間食の時間を決める。
- 食後はすぐに歯磨きをおこない、大人が必ず仕上げ磨きをする。

生活習慣

食事は睡眠や運動などの生活習慣と密接に関連しています。子どもが健やかに成長するためには、よりよい生活習慣の確立が不可欠です。

睡眠とホルモンの働き

社会の夜型化に伴って、子どもたちの生活が夜型にシフトし、睡眠時間が減少しています。しかし、発育にとって欠かせない脳内物質のメラトニンや成長ホルモンは、睡眠時間中に最も分泌されるため、十分な睡眠が得られないと身長の伸びなどに影響する可能性もあります。

朝ごはんの意義

朝ごはんを抜くと、脳が大きな影響を受けます。脳は糖質が分解されたブドウ糖をエネルギー源としていますが、体温調節などで睡眠中にも使われるため、朝食前の血糖値はかなり下がっています。このため、朝食をとって糖質を補給しないと、集中力が低下して午前中の活動が十分にできません。朝食は、生活リズムを整えるうえでも大切な役割を担っています。

運動と睡眠

たっぷりと体を動かして遊ぶとエネルギーが消費されるので、自然と空腹を感じ、食欲増進につながります。また、体を動かすことによって得られる疲労は良質な睡眠を招き、生活リズムの確立にもよい影響を与えます。

| 演 習 |

子どもの生活習慣について考えましょう
- 生活習慣の大切さを保護者に正しく伝えられますか。

　生活習慣を考えるとき、大切にしたい３つの要素があります。睡眠・運動・食事です。この３つのバランスを保つことが、健康的に過ごすためには不可欠です。

睡眠
睡眠は心身の疲労を回復させるほか、脳や体を成長させる働きがあります。午後９時ごろまでに就寝するのが理想的です。

運動
しっかりと体を動かすことが、楽しい食事につながります。

食事
幼児期は３回の食事と間食（おやつ）で１日に必要な栄養量を摂取します。

排便

「食べて出す」ことは、生きていくための基本です。日ごろから便の状態をよく観察することで、体調管理に役立てます。

便を見て体調管理

　人間は食べたものを消化・吸収し、排泄しながら生きています。排泄物を観察することで、体の状態がわかります。例えば、下痢は摂取したものを速やかに排出しようとする体の反応です。子どもは自分では体の状態を正確に表現できないので、排泄物を観察することはとても大事です。

気がかりな症状

　便の色をよく見ることで、子どもの健康状態がわかります。

赤い便：出血を伴う可能性があるので、注意が必要です。細菌性の腸炎や腸重積症が考えられます。
白い便：ロタウイルス感染症の可能性があります。
黒い便：胃潰瘍や十二指腸潰瘍などで、内臓から出血している疑いがあります。

　心配な便がある一方で、通常と異なる状態でも心配のない便もあります。緑色で米粒状のものが混ざっている便は、母乳を飲んでいる乳児によく見られます。また、食べ物によっては便に色がつくこともあります。子どもの便の特徴については、22ページも参照してください。

演習

子どもが体や健康に興味をもつための取り組みについて考えましょう

● 排泄の仕組みと大切さを楽しく伝える工夫はありますか。

「うんち」をテーマにした絵本の読み聞かせをする

便の状態を知ることは、自分の体に関心をもち、健康づくりについて考えるきっかけとなります。子どもにわかりやすい絵本の読み聞かせを通じて、体への関心を深めましょう。

参考図書

『みんなうんち』
（五味太郎文・絵　福音館書店）

『はるちゃん トイレ』
（中川ひろたか文／田中靖夫絵　文溪堂）

『はけたよ はけたよ』
（神沢利子文／西巻茅子絵　偕成社）

排便の記録をつける

家庭での排便の記録をとってもらいます。「うんちカード」などを作成して、うんちが出たらシールやぬり絵をすることで、うんちの状態を記録します。

保護者と子どもが一緒に便の状態を観察することで、子どもは自分の体への関心が高まり、保護者は食事を見直すきっかけにつながります。

病児対応（嘔吐(おうと)、下痢）

病気のときは十分な休息をとり、できるだけ早く体調を回復するために、症状に適した食事を摂ることが必要です。

子どもへの対応

　子どもが急に体調を崩したときは、必要に応じて保護者と連絡をとり、前日の体調や食事の様子について詳しい情報を得たうえで対応します。また、職員間で情報共有を図って連携をとり、子どもから目を離さないようにする必要があります。

病気のときの食事

下痢：体の水分を失い脱水症状が起こりやすくなるので、水やお茶などをゆっくり与えます。下痢の回数が減ってきたら、豆腐、うどん、白身魚などの消化のよいものを少しずつ食べさせましょう。

発熱：熱が出ると代謝が激しくなるため、通常よりも多くの水分を必要とします。ビタミンやたんぱく質も必要になりますが、食欲が落ちるので、まずは水分補給を心がけます。水やお茶などで水分を補います。

嘔吐：脱水症状を起こしやすいので、吐き気がおさまったら水やお茶などの水分を少しずつ与えます。熱いものや冷えたものは刺激が強いので、常温で飲ませるとよいでしょう。食べられるようになったら、消化のよいものを少しずつ与えるようにしましょう。

演習

嘔吐や下痢の症状が出やすい食中毒の予防について考えましょう

- 食中毒の原因を知っていますか。
- 予防の方法を知っていますか。

食品をより安全にするための5つの鍵

食べ物や調理器具などについた細菌やウィルスが増殖して、人体に影響を及ぼすことがあります。WHO（世界保健機関）では「食品をより安全にするための5つの鍵」として、次のことを提唱しています。

清潔に保つ

手には食中毒の原因となる菌がたくさんついています。まずは手をよく洗います。また、調理器具や食品を清潔に管理することも大事です。

生の食品と加熱済み食品とを分ける

生の食品には食中毒の原因となる菌がついていることがあるので、菌が食品にうつらないようにするために、加熱した食品とは分けて扱います。

よく加熱する

多くの菌が熱には弱いため、食品は75℃以上で1分間以上加熱します。調理済みの食品も再加熱しましょう。

安全な温度に保つ

常温で保存すると、菌が急速に増える可能性があります。理想は5℃以下、60℃以上の温度を保つことで、菌が増えにくくなります。

安全な水と原材料を使う

新鮮な食材を選びます。生野菜や果物は、しっかり水で洗って食べます。賞味期限を過ぎた食品は使用しないようにしましょう。

食物アレルギー

特定の食べ物を食べた後に、皮膚や粘膜、呼吸器などに症状が出る食物アレルギーの子どもには、保護者と連携して対応する必要があります。

食物アレルギーとは

体の免疫機能は、病原体などが侵入したときに体外に排除したり、病原体を殺すために働いたりする体にとって必要な機能です。しかし、免疫反応が激しく現れ、かえって生活に支障をきたす状態になることがあり、これをアレルギー疾患といいます。このうち特定の食べ物を食べた後に、皮膚や粘膜、消化器、呼吸器などに症状が出ることを食物アレルギーといいます。

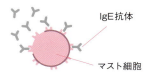

アレルギーの原因物質が体内に入ると、免疫反応でIgE抗体が作られ、マスト細胞に付着する。

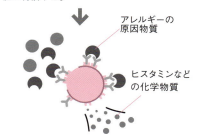

アレルギーの原因物質が再度体内に入るとIgE抗体と結合して、アレルギー症状を引き起こすヒスタミンなどの化学物質が放出される。

アレルギー物質を含む食品

食物アレルギー症状を引き起こすことが明らかになっている食品のうち特に注意が必要な食品については、下記のようなものがあります。

特定原材料	えび、かに、小麦、そば、卵、乳、落花生
特定原材料に準ずるもの	あわび、いか、いくら、オレンジ、カシューナッツ、キウイフルーツ、牛肉、くるみ、ごま、さけ、さば、大豆、鶏肉、バナナ、豚肉、まつたけ、もも、やまいも、りんご、ゼラチン

第3章 健康面での配慮

演習

食物アレルギーの症状と対処法を確認しましょう

● アレルギー症状にはどのようなものがあるでしょうか。

アレルギー症状の重症度評価と対処法

重症度	軽症 （下記の1つでも当てはまる）	中等症 （下記の1つでも当てはまる）	重症 （下記の1つでも当てはまる）
皮膚	□部分的な赤み、ぽつぽつ □軽いかゆみ □唇・まぶたの腫れ	□全身性の赤み、ぽつぽつ □強いかゆみ □顔全体の腫れ	
消化器	□口やのどのかゆみ・違和感 □弱い腹痛 □吐き気 □嘔吐・下痢（1回）	□のどの痛み □強い腹痛 □嘔吐・下痢（2回）	□持続する強い（がまんできない）おなかの痛み □繰り返し吐き続ける
呼吸器	□鼻水、くしゃみ	□咳が出る（2回以上）	□のどや胸が締め付けられる □声がかすれる □犬が吠えるような咳 □持続する強い咳き込み □ゼーゼーする呼吸 □息がしにくい
全身		□顔色が悪い	□唇や爪が青白い □脈を触れにくい・不規則 □意識がもうろうとしている □ぐったりしている □尿や便を漏らす
エピペン	□エピペンを準備　　悪化→	□治療後も咳が続く・重症と迷うときはエピペンを使用　悪化→	□すぐにエピペンを使用
薬	□30分続けば薬を飲ませる	□薬を飲ませる □呼吸器の症状があれば気管支拡張薬を吸入する（処方がある場合）	
受診対応	□5分ごとに症状を観察 □1時間続けば医療機関を受診	□5分ごとに症状を観察 □医療機関を受診	□あおむけの姿勢にする □救急車で医療機関を受診

出典：独立行政法人国立病院機構相模原病院WEBサイト

食物アレルギー

アレルギー児の受け入れのポイント

　食物アレルギーは、専門の医師に診断してもらう必要があります。また、医師が記入した「生活管理指導表」を提出してもらい、保護者と十分に情報共有しながら、職員全員の連携体制をつくる必要があります。また、アレルギーについては日々研究が進んでいるので、常に情報を集め、研修などを受けて、正しい知識をもつことも必要です。

　子どもの発育に伴って食材の除去を解除できる場合もあるので、最低でも年に1回は「生活管理指導表」を提出してもらいましょう。また、アナフィラキシーショックなどの緊急時の対応については、事前に保護者と話し合って、共通理解を得ておく必要があります。

生活管理指導表

出典：厚生労働省「保育所におけるアレルギー対応ガイドライン」2011.

演習

食物アレルギーの誤食を防ぐために工夫できることを考えましょう

- 配膳時にはどのような工夫が必要でしょうか。
- 食事中にはどのような工夫が必要でしょうか。

誤食を防ぐ工夫

アレルギー対応食を安全に提供するためには、作業手順を明確にし、職員間で情報共有することが大切です。職員配置やアレルギー児の数など、条件によって手順が異なるので、最適な方法は園ごとに検討する必要があります。

また、ヒヤリハットが起こった場合には、必ず職員間で共有し、再発防止策を検討し、実施することが大切です。

配膳時の工夫

- 子どもの名札（除去食材を明記したもの）、専用の食器と食具、個人別に色分けしたトレー、除去食材と代替食材を記入する用紙、保護者に事前にチェックしてもらった献立表を用意する。
- 子どもの名札と保護者のチェックが入った献立表、除去食材と代替食材の用紙を担任が調理員と口頭で確認し、トレーごと受け取って配膳する。直接受け渡しすることが重要。
- 子どもの座る位置を決めておく。テーブルクロスなどでわかりやすくするのもよい。

食事中の工夫

- ほかの子の食べ残しや食べこぼしを口にしないように、職員が見守る。
- おかわりは専用のものを用意してもらい、除去が必要でないメニューでも必ず担任が調理室に取りに行く。
- 子どもの様子で気になったことがあれば、調理室にフィードバックして情報共有する。

特別な支援が必要な子どもへの配慮

障がいをもつ子どもは食事にも配慮が必要ですが、保育者とコミュニケーションをとりながら楽しく食べることで、心身の発達が促されます。

障がい児とは

　生まれつき何らかの原因によって障がいをもつ先天性の場合と、病気や不慮の事故によって障がいをもつ場合があります。障がいには、肢体不自由、視覚障がい、聴覚障がい、運動障がい、発達障がい、知的障がいなどの種類があり、程度はさまざまです。

　障がい児の受け入れは自治体や園の方針によりますが、障がい児の担当になった場合は、保護者や専門家との連携をとりながら、常に障がいに対する理解と学びの姿勢をもつことが大切です。また、入園後に障がいがわかる場合もあります。食事の様子から障がいの可能性に気づくケースもあるため、広く知識をもっておく必要があります。

障がい児の摂食の特徴と配慮

　障がいによっては、味覚や嗅覚などが過敏なために食事がスムーズにできない、落ち着いて食べられないなどの問題を抱えることがあります。食事の環境を整え、少しずつ食べられるものを増やしていくことが必要ですが、園の中だけでは解決につなげるのが難しい場合もあるでしょう。保健センターや療育機関、臨床心理士のほか歯科医師や歯科衛生士、作業療法士などと連携をとって対応することが必要です。

健康面での配慮　第3章

演習

特別な支援の必要性について考えましょう

- 保護者から食の悩みで相談を受けたときに、どんなことを確認したらよいですか。
- 子どもにとって、どのような環境が必要ですか。

食べ方を観察する場合の5つの要素

　保護者から食べ方についての相談を受けたり、保育の中で気になる子どもがいたりする場合には、次の5つの要素の視点から観察してみましょう。保護者に対応するときは自分の判断で答えるのではなく、管理職者や専門家などに相談し、複数の目で判断することが必要です。

- 食事相談は歯科の視点が必須
- ①形態（ハード）（口腔、咽頭etc）
- ⑤介助（姿勢、一口量、さじ運び、見守り方法etc）
- ④食べ物（大きさ、固さ、滑らかさ、粘り、味、香りなど）
- ③機能（ソフト）口や手の動き、発音、発達状況
- ②意欲（親の観察、食欲、生活リズム、お菓子、飲み物、運動量、達成感）
- 手の観察も必須

出典：手塚文栄「噛む力を伸ばす援助の方法」東京都社会福祉協議会保育部会給食担当者講習会資料.2017.

環境づくりの工夫

座る位置を決める

　落ち着いて座っていられない子どもの場合は、カーテンを閉めて外が見えないようにする、おもちゃをかたづけるなど、気が散る原因をできるだけ視界から取り除き、食事に集中できる環境をつくります。

食事の見通しをつける

　ものごとの見通しを立てるのが苦手な子には、「時計の長い針が12になったらおしまい」など、視覚的にわかりやすく提示することが必要です。

苦手なものを把握する

　感覚が敏感な子は、辛さを痛みとして感じたり、ある種の食感に嫌悪感をもったりすることがあります。また、食べ物の色や見た目、金属のスプーンが唇にふれる感触や食器のふれあう音などを嫌がる子もいます。個々にこだわりが異なるので、まずは観察して、原因を把握することが必要です。

調理法の工夫・食具を変える

　特定の食感や味、見た目が苦手なら、細かく刻んだり、調理方法を変えたりすると食べられるようになる場合があります。金属の食具を嫌がる場合は木製やシリコンなど、口当たりの優しい食具を試してみましょう。

無理強いは禁物

　「ひと口食べてみよう」と口に入れられた記憶が残り、その食べ物が食べられなくなるケースもあります。苦手なものは無理に食べなくてもよいと伝えることは重要です。

ほんの少しでも食べられたら

　食べられなかった食べ物に興味をもち、ほんの少しでも食べられたらほめて自信につなげましょう。こだわりが強い場合はスプーン1杯の量は多すぎるので、豆粒1個分でも食べられたら十分です。

第4章

職員・保護者・地域のかかわり

園の職員同士のコミュニケーションのとり方や、保護者や地域とのかかわり方で、子どもの食環境をよりよくするための方法を紹介しています。

実践

職種による専門性と役割

子どもたちが豊かな食体験を重ねるために、職員同士の連携が必要です。
食に対しての方針を共有し、食べる楽しさを提供していきましょう。

職種ごとの専門性を理解する

園長 職員全体を見ながらも
個々の立場を把握する

　食育や食事の提供に関する法令を理解し、園の理念や活動の目的を示す責任者です。職員には研修などの場を提供します。また、外部の専門家や地域との連携を推進していく役目もあります。

主任保育士 保育全体の流れをとらえて
後輩保育士の指導やケアにあたる

　園の基本方針を理解し、保育士等をまとめるリーダーです。個々の子どもの食の問題を把握しながら、担当保育士が適切な支援をおこなえるように指導したり、サポートしたりする役目を担います。また、保護者への対応にも気を配ります。

保育士 子ども一人ひとりの育ちを
しっかり把握して対応する

　実際に子どもたちへの援助や教育を担います。場合によっては、栄養士や調理員と連携することも必要です。保育士の中から、食育の担当者を選んでいる園もあります。担当者は、園の計画に沿った保育活動や行事を企画したり、外部の研修会に参加したりして、園の食育活動の中心となって動きます。

※認定こども園では保育士と幼稚園教諭の両方の資格が必要とされていますが、平成31年までは、どちらか一方の資格だけでも認められています。

第4章 職員・保護者・地域のかかわり

職種による専門性と役割

栄養士

「何を食べさせるか」という観点で子どもの成長や健康を考える

　食物・栄養の専門家です。資格には、栄養士と管理栄養士の2種類があります。子どもの成長や体調などを考慮して、毎日の食事やおやつの献立を考えます。園の食育計画に携り、保育士と協力して子どもに直接かかわることが求められる場合もあります。食物アレルギーや肥満、疾患などを抱える子どもがいる場合は、保健師、看護師、保育士と連携して対応します。また、保護者や地域の親子の支援も担います。

保健師・看護師・准看護師

体の健康から子どもの食を考える

　乳児が4人以上入所している保育所に配置する規定があります。園児や職員の体調管理と健康づくりの推進、園児のけが・体調悪化時の対処、感染症の予防や蔓延時の対処、保護者への支援、嘱託医や職員との連携などの役割があり、これらを包括的におこなっています。

調理員

安心安全に留意して給食の調理に携わる

　給食やおやつ、延長保育時の軽食作りなどに携わります。栄養士と調理員は別々に雇用されることが多いですが、小規模園などは兼務する場合もあります。また、調理師免許をもっていない人も多く働いています。園によっては、給食調理以外の食育の活動に携わり、子どもたちと直接かかわる場合もあります。

127

職員の連携
（授乳期）

入園して間もない授乳期の子どものペースを大事にしながら、職員を配置することが大切です。

担当保育者同士の連携

　入園当初は、環境が大きく変わるため、子どもも保護者も手探りの状態が続きます。この時期は園のペースに合わせるのではなく、子どものリズムを尊重してかかわることが必要です。
　そのために、入園説明会や面談のときに保護者から授乳時間や飲む量について詳しく聞き取り、児童票に記入して職員間で情報を共有します。
　また、子どもが安心感をもてるように、できるだけ同じ保育者が授乳をおこなうことが望ましいでしょう。担当者が休みでも同じ対応ができるように、園全体で作業手順を同一にします。授乳時間や飲んだ量などはそのつど記入し、だれでも確認できるようにしておきます。

連携のポイント
- 子どもの生活リズムを尊重した職員配置を工夫する
- できるだけ同じ保育者が対応する
- 担当者が違っても同じ対応ができるようにする
- 子どもの生活記録を職員同士で共有しやすくする

職員・保護者・地域のかかわり　第4章

実践例

保育者同士の連携
子どもの生活リズムに合わせる担当制

職員の連携
（授乳期）

　0～2歳以下の乳児に対して、常に同じ保育者が対応する担当制をとる方法があります。この場合、担当者が担当する子どもの全ての保育をおこなうのではなく、食事、着替え、排泄などの生活面での援助は担当者が、遊びなどの活動はその年齢を担当する保育者全員で見る、というものです。

導入までの手順

❶入園前に24時間の子どもの様子を1週間分記録してもらう。それを見ながら、睡眠や排泄、授乳、離乳食などを1対1で対応できるように担当者を決める。

❷個別のデイリープログラムを作成する。プログラムは1週間ごとに更新する。

❸離乳食は担当保育者が1対1で食べさせ、ほかの子どもたちは自分の時間（おなかが空く時間）まで、別の保育者と遊ぶ。1人20分ほどで食べ終わり、保育者1人で3～4人を担当する。

時間	子どもの日課	保育者A	保育者B	保育者C
7:00		出勤		
	順次登園	受け入れ		
8:00		子どもを見る	出勤	
	室内遊び		水分補給準備	
8:30			子どもを見る	出勤
	順次排泄			排泄・水分補給
9:00				子どもを見る
9:30	外気浴	検食	散歩	テラス
10:00				
10:10	離乳食①	配膳	子どもを見る	絵本 のぞみ
10:30	離乳食②		わたる	しょうた
10:50	離乳食③		まこ	
11:10	離乳食④		ゆうき	ゆい
11:30	離乳食⑤	午睡準備	なつみ	洗い物
12:00	順次午睡	日誌記入	日誌記入	日誌記入
			職員食事	
		休憩	休憩	午睡見守り

デイリープログラムの作成例

❹リーダー保育者は子どもの対応をせず、保育者全体の動きを把握して、必要があれば指示を出す。子どもが集中して食べられるように、配膳下膳は子どもの対応をする保育者以外の者がおこなう。

❺担当者が休む場合は、子どもと接する時間の長い別のクラス担任が対応する。

129

職員の連携
（離乳期）

離乳食は月齢にとらわれず、子どもの発達状態を観察して進める必要があります。職員同士で話し合い、情報共有しながら進めていきましょう。

担当保育者同士の連携

離乳食の開始や進行は、担当保育者が中心となって子どもの摂食状態を見ながら、保護者と相談のうえで進めていきます。複数の担当保育者が観察することで、異なる視点からの気づきを得られます。

園で食べさせたい食材は、離乳食の進み具合などを書面にして配布し、まずは家庭で試してもらうように依頼します。

栄養士・調理担当者との連携

専門性の異なる職員同士は、お互いの立場を経験することで連携を深めることができます。全職員が調理業務を経験し、反対に調理員、栄養士も必ず子どもに接する機会をもっている園もあります。

職種の違う職員同士が互いの理解を深める

職員・保護者・地域のかかわり　第4章

実践例

保育室と調理室の連携1
調理室との情報交換に利用する書式

職員の連携（離乳期）

　子どもの体調や起床時間などを記す補助表、チェック式で簡単に記入できる給食観察日記を作成し、保育室と調理室の情報共有に役立てる。

補助表

　連絡帳や保護者とのやりとりをもとに保育者が記入し、調理室に提出する。必要があれば、離乳食の食材の切り方や固さなどを個別にオーダーする。

登園	名前	食事	1回	2回	除去
7:15	しょう	給食	10:00		
7:45	あおい	給食	11:45		卵
8:00	のぞみ	ミルク	11:15	14:00	

給食観察日記

　離乳食や給食、おやつのとき、保育者が子どもの実際の食べ方を観察し、「分量」「味」「刻み方」について判断してチェックする。食べ方や意欲など、特筆すべきことは自由記述欄に記入する。下膳のときに調理室に提出し、すぐフィードバックする。全クラスで検討したほうがいいと判断したことは、週1回のミーティングで話し合いをおこなう。

給食観察日誌

2018 年 4 月 20 日（金）　　くま 組　記入者 山田春子

主食	味付け	良い	濃い	薄い
	分量	良い	多い	少ない
	きざみ	良い	大きい	小さい
主菜	味付け	良い	濃い	薄い
	分量	良い	多い	少ない
	きざみ	良い	大きい	小さい
副菜	味付け	良い	濃い	薄い
	分量	良い	多い	少ない
	きざみ	良い	大きい	小さい
汁	味付け	良い	濃い	薄い
	分量	良い	多い	少ない
	きざみ	良い	大きい	小さい
果物	味付け	良い	濃い	薄い
	分量	良い	多い	少ない
	きざみ	良い	大きい	小さい
おやつ	味付け	良い	濃い	薄い
	分量	良い	多い	少ない
	きざみ	良い	大きい	小さい

給食室へのお願い・子どもの様子
サバは飲み込みにくそうでしたが、おいしかったようで
自分から指差しするなどして、よく食べました。

職員の連携
（幼児食期）

「自分で」の気持ちが育つ時期です。食への興味もどんどん広がっていくので、さまざまな体験を積み重ねられるようにしましょう。

栄養士・調理員との連携

　調理室と連携して、子どもの食への関心がさらに高まるような取り組みを積極的に保育に取り入れましょう。

　例えば、子どもが栽培した野菜を調理に使ってもらう場合、事前に栄養士と相談して、収穫物を意識した献立を立ててもらう必要があります。

　また、保育にクッキングを取り入れる際には道具の準備や調理工程の一部を調理員に担ってもらうなど、保育者が調理室に積極的に働きかけながら連携をとることが必要です。栄養士や調理員などが子どもの前で栄養や調理の話をする際も、子どもに伝わりやすい工夫を保育者が提案して、それぞれの専門性を活かした協力体制をつくるとよいでしょう。

食育活動

　子どもたちにとって調理室が身近な存在となり、作り手の思いがわかると、食への興味が高まります。調理室に献立を聞きに行ってクラスで報告したり、調理に使う食材カードを栄養素のボードに貼りつけるなど、当番活動を通じて栄養についての基礎知識を深めることもできます。

第4章 職員・保護者・地域のかかわり

職員の連携（幼児食期）

実践例

保育室と調理室の連携2
保育室と調理室が連携する行事

　食材や調理のプロセスに関することは、栄養士や調理員など調理室職員の言葉で伝えたほうが子どもに伝わりやすい場合があります。保育者がサポートしながら、栄養士や調理員が主体的にかかわる行事を開催します。

「魚」をテーマとした一連の取り組み

● 「煮干し」の観察
給食で使う出汁用の煮干しを虫眼鏡や顕微鏡で観察。実際に出汁をとって試飲をする。

● 魚をさばく
日ごろ触ることのない原型の魚にふれる体験活動。カワハギをさばいた後、フライパンで焼いて食べる。

● 保護者の協力や
　他行事への発展
家庭から魚を持ち寄り、子どもが魚拓を作る。作品をつなぎ合わせて展覧会で展示する。

133

保護者との連携
（会話・連絡帳）

食への関心が高い保護者がいる一方、忙しさから関心が薄れている家庭もあります。適切な情報提供をおこないましょう。

送迎時の情報提供

　保護者は園での子どもの様子を詳しく知ると安心できます。食に不安をもつ保護者には、記録をもとに、何時ごろどのような食事をどれだけ食べたか、できるだけ具体的な様子を伝えるように心がけます。同時に家庭での食事の様子も聞き取ります。気がかりなことがあれば、保護者の子育てや仕事の大変さに共感しつつ、栄養士や看護師などとも連携して対応しましょう。

連絡帳や連絡ボードの活用

　直接顔を合わせられない保護者にとって、連絡帳は園での子どもの様子を知るための大切なツールです。保護者から質問が書き込まれたら、的確に答えられるようにしましょう。その日に答えられない質問には、後日回答することを書き添え、栄養士や看護師などと情報交換したうえで対応します。
クラス全体の様子を伝える場合は、写真を掲示するのもよいでしょう。パスワードで管理されたウェブ上のアルバムを利用するのも、負担なくタイムリーに情報を提供できる方法です。

第4章 職員・保護者・地域のかかわり

保護者との連携（会話・連絡帳）

> 実践例

食育コーナーの作り方

保護者の目につきやすい場所に食育コーナーを設置し、情報発信をします。保護者が送迎時に通る場所に設置したり、興味をもってもらえそうな展示をして、見てもらうための工夫を考えます。

●献立ケース
調理方法の参考になるほか、親子の会話のきっかけにつながる

●調理室スタッフの紹介
保護者と顔を合わせる機会が少ない調理室職員を身近に感じてもらう工夫

●食材の栄養素の分類
食材型の磁石を用意し、「熱や力になる」「血や肉や骨になる」「体の調子を整える」などに色分けしたボードに貼りつけて掲示する

●レシピ紹介
家庭でも簡単にできる給食の献立をレシピカードにして配布する

●収穫した野菜
園で育てた野菜や地域の農家から届けられたものなどを展示する

●食に関する絵本棚
貸出できるようにするとよい

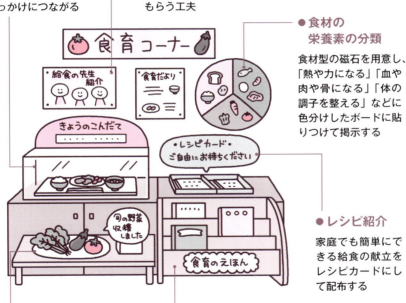

135

保護者との連携
（食育だより・献立表）

直接話すことができない保護者との距離を縮めるアイテムになります。職員で連携して発信するようにします。

食育だよりの発行

　献立表のほかに食育だよりを発行することで、園から保護者に伝えたいことを知らせることができます。内容は季節の行事食や旬の食材を使った料理レシピなど、忙しい保護者が使いやすい情報を盛り込むとよいでしょう。

インターネットでの情報発信

　インターネットを使った情報提供は、園の取り組みを理解してもらうために効果的です。手の空いたときに確認できるので、忙しい保護者にも好評です。例えば、その日の給食を早めに掲載することで、仕事先で保護者が見て、夕飯のメニューを考える際の参考にしているなどの利用方法があるようです。

> **実践例**

食育だよりの作り方

　限られた時間の中で無理なく作れるように、日ごろから記事になりそうな事柄をストックしたり、あらかじめテーマを決めておくとよいでしょう。

おたより作りのポイント
- 日ごろから、出来事や子どものつぶやきなどをメモする。
- イラストや写真を入れて読みやすくする。
- イラストや文字を手書きにして親近感をもたせる。
- 園やクラスならではの話題を一つ加える。
- 保護者、栄養士、調理員の声を入れる。

月ごとのテーマ例

4月	新年度（保育者だけでなく栄養士・調理員も紹介する） 1年を通しての確認・注意事項
5月	園の給食について
6月	虫歯、梅雨時の食中毒
7月	七夕、土用の丑、夏の野菜
8月	夏バテ防止、水分補給の方法
9月	お月見、運動会のお弁当
10月	収穫（いもほり）、食欲の秋
11月	勤労感謝の日、冬の感染症予防
12月	冬至、クリスマス、正月準備
1月	お節料理、春の七草、冬の野菜
2月	節分、乾物
3月	ひな祭り、1年の振り返り

保護者との連携
（行事など）

保護者との距離がより近づくような企画を考えてみましょう。園の食に対する考え方を伝えるよいチャンスにもなります。

給食試食会

保護者会や保育参観などの機会を利用して、保護者に給食を試食してもらう機会をつくります。給食を味わってもらうことで、味つけの濃さや食材の切り方、固さ、子どもに適した量など、食に対する理解が深まります。

親子クッキング

保育参観や親子遠足、夏祭りなどの行事を利用して、親子で調理をし、一緒に食べる機会を設ける園もあります。普段、家で一緒に調理をする時間がとれない親子にとって、心に残る体験となります。また、ほかの保護者や子どもの様子に刺激され、家庭での食生活を振り返るきっかけになる場合もあります。保育者や栄養士、調理員の負担にならないように、簡単にできるメニューを工夫する必要があります。

専門家による講演

子どもの食にかかわる専門家に子どもの食をテーマに講演してもらい、保護者の理解を深めます。保護者会や懇談会と同日に企画するなど、保護者が参加しやすい日時を設定する必要があります。

> **実践例**
>
> # 保護者を巻き込む行事
>
> 　保護者が参加しやすい内容、日時をふまえて企画します。ただ参観するだけでなく、参加型の活動にすることがポイントです。
>
> ### レシピコンテスト
> 　保護者から、手に入れやすく扱いやすい「缶詰」を利用したオリジナルメニューを募集して、おたよりなどで紹介する。園行事の際に、レシピを掲示して人気投票をおこなう。
>
>
>
> ### 保護者が講師に
> 　調理師やパティシエなど、食のプロとして活躍している保護者に声をかけ、講師として行事に参加してもらう。ブログや掲示で保護者に行事の情報提供をおこない、協力をお願いする。
>
>
>
> ### 先人の知恵を学ぶ
> 　園児の祖父母の協力で「みそ作り」を体験する。すり鉢とすりこぎの使い方を教えてもらうなど、昔ながらの道具も取り入れる。また、数か月後にできあがったみそで郷土料理を保護者参加で作るなど、長期的な活動にしていく。
>
>

地域との連携

地域の人の知恵や力を借りて、子どもの食体験を広げていくこともできます。園や子育て世代への理解が深まり、地域との信頼関係が築けます。

地域の力を借りる

　核家族化が進み、地域社会の関係性が希薄になっているといわれています。しかし園では、食を通して、子どもたちと地域社会との橋渡しをおこなうことができます。また、地域との交流を密にすることで、食への関心や文化への興味を高めていくことも期待できます。季節を感じながら、旬の食材を食べられる機会は、そのこと自体が食育となります。

　じゃがいも掘りやさつまいも掘り、餅つきなど、子どもたちが地域に住む人々と交流しながら、豊かな食体験を積み重ねられるような関係を築いていきましょう。

園と地域社会の相関図

第4章 職員・保護者・地域のかかわり

地域との連携

実践例

生産者や近隣商店とつながる取り組み

　地域の生産者や商店とかかわることで、子どもが食べ物を身近に感じたり、興味・関心を深めたりすることができます。

近所の青果店を訪ねて野菜の話を聞く

給食に使う野菜の生産農家に園でマルシェ（野菜の販売会）を開催してもらう

地域と良好な関係を築くためのポイント

● **直接交渉してみる**
　協力者が紹介などで見つからなかったとしても、地域の生産者などに思い切って直接交渉してみる。交渉の担当者を決めておき、連絡がスムーズにとれるようにしておく。

● **熱意を伝える**
　交渉する前に、基本的な知識を身につけておくのが礼儀。活動の意図をうまく伝える準備もしておく。

● **関係を続けられる活動にする**
　園に定期的に来てもらえるような、継続したものになるとよい。

● **感謝の気持ちを表す**
　活動前後での連絡はしっかりと。活動後には子どもの作ったものをプレゼントするなど、感謝の気持ちを伝える。

子育て支援

食を通じた子育て世代へのサポートは、園にとっても重要な役割の一つです。地域の親子への支援が求められています。

食育で子育て支援

「離乳食を食べてくれない」「食が細い」など、悩みを抱える保護者は多く存在しますが、入園前に相談できる場所や人は限られ、インターネットなどの情報に振り回されるケースも少なくありません。

そうした保護者にとって園でおこなっている子育て支援は、保育者や栄養士、調理員などに直接悩みを相談できる貴重な場となります。

入園前からのケア

食を含めた子どもの生活習慣は、保護者の生活習慣に大きくに左右されます。子育て支援の場では、各家庭の背景を十分に理解したうえで、保護者の力を信頼し、必要なサポートをするというスタンスで接することが大切です。手軽に作れる離乳食や幼児食レシピの提案などをおこない、保護者が食に対して前向きな姿勢で取り組めるような支援を心がけましょう。

支援ニーズの発掘

子育て支援の場では、保護者の家庭環境や抱えている問題が浮き彫りになることもあります。場合によっては、関連機関と連携して対応できる体制をつくっておくことも必要です。